ENCYCLOPEDIA OF

# PARANORMAL POWERS

# 超常現象大全

マインドリーダー、超能力者
霊媒の秘密を解き明かす！

ブライアン・ホートン 著
福山 良広 訳

**ガイアブックスは**

地球《ガイア》の自然環境を守ると同時に

心と身体の自然を保つべく

“ナチュラルライフ”を提唱していきます。

A QUINTET BOOK

Published by New Burlington Books
6 Blundell Street
London N7 9BH
United Kingdom



Project Editor: Asha Savjani
Editorial Assistant: Holly Willsher
Additional Text: Carly Beckerman
Designer: Ian Ascott
Illustrator: Bernard Chau
Art Director: Michael Charles
Managing Editor: Donna Gregory

# 目次

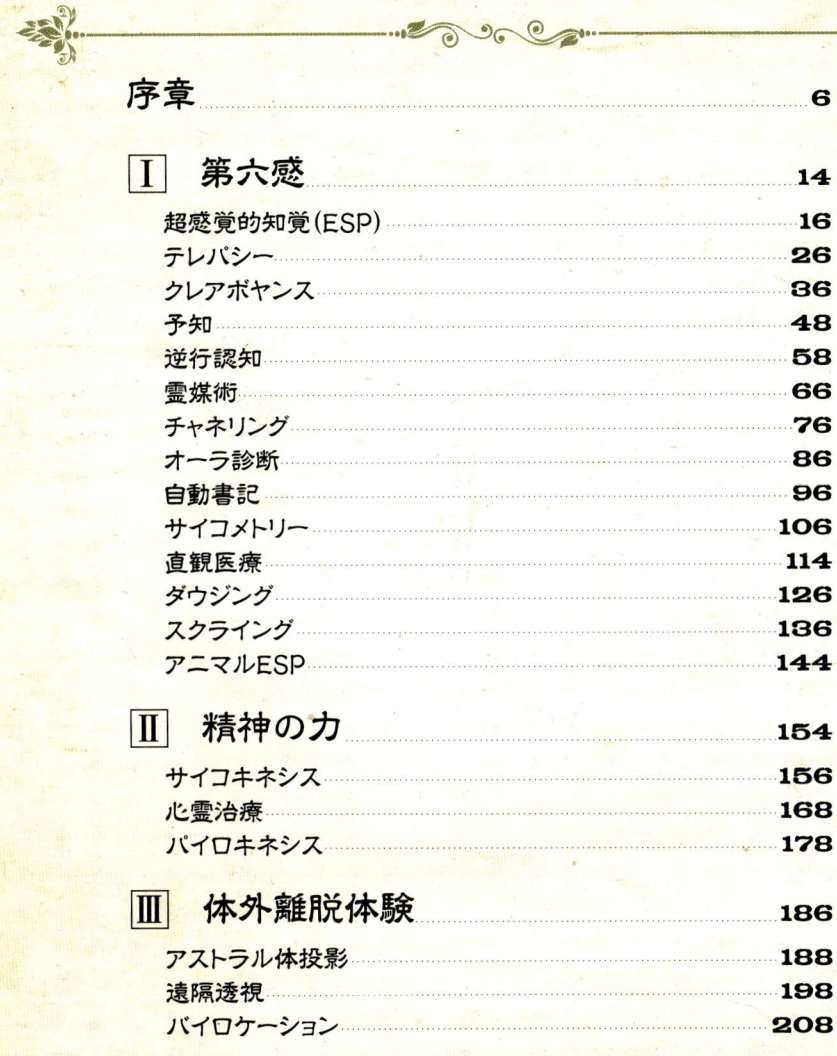

# 序章

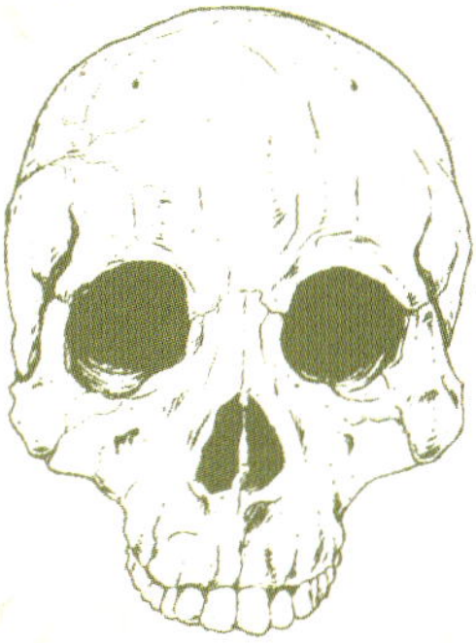

2009年11月、英国の新聞各紙とインターネットのニュースサイトは元マンチェスター警察のアラン・パワー（62）に関する記事で埋め尽くされていた。報道によると2008年10月、パワー氏はマンチェスター警察学校の教官・調整官に就任後、わずか3週間で解雇された。その理由は同氏が犯罪捜査に超能力者の力を活用すべきだと主張したからだという。幼少の頃からたびたび霊を目撃していたというパワー氏は、死者の霊とコンタクトをとることができる超能力者が犯罪捜査に協力すれば、事件の解明に役立つと考えたのである。

バレット教授とゴードン・ソルト氏が撮影した
心霊写真。

当初、雇用控訴裁判所は宗教上の差別による解雇は無効であるとするパワー氏の主張を認めた。一方、マンチェスター警察側は、当時、超心理学専攻の博士課程に在籍していたパワー氏の解雇は、彼の宗教的信条とは無関係であると一貫して主張。職務中の不適切な行動と他の警察学校からも寄せられた苦情が直接の解雇事由であると主張した。結局、最終審問ではマンチェスター警察側の主張が認められた。

解雇当時、パワー氏は心霊主義教会の30年来のメンバーであった。2001年の一斉調査によると、心霊主義は英国で8番目の規模を誇る宗教団体で、その信者の数は32,000人余りといわれる。超常現象への信仰を基盤とする団体にしては信者の多さは目を見張る。1989年に全米規模で実施された調査によると、

# あなたは超常現象を信じますか？

| | 2001年<br>ギャラップ調査 | ファラ-<br>スチュワード調査 |
|---|---|---|
| 心霊治療 | 54% | 56% |
| 超感覚的知覚（ESP） | 50% | 28% |
| 幽霊屋敷 | 42% | 40% |
| 悪霊憑依 | 41% | 40% |
| テレパシー | 36% | 24% |
| 交霊 | 28% | 16% |
| 生まれ変わり | 25% | 14% |
| クレアボヤンス／予言 | 24% | 32% |
| チャネリング | 15% | 10% |

成人の67%が超感覚的知覚（ESP）を経験したことがあると回答。さらに、超常現象を目撃したことがあると答えた人は2千万人にものぼった。また、米国で1990年から2005年にかけて行われた一斉調査では、超常現象を信じる人は幅広い層に及んでいることが判明。1990年の調査では、人口の26%が透視は本物であると回答した。透視とは物体、事象、人間、映像などを五官以外の未知の感覚によって見ることができる能力だ。2000年に再度実施された調査ではこの数字は30%に上昇した。一方、『リーダーズ・ダイジェスト』誌が2006年に行った調査では、英国人の半数以上がマインドリーディング（読心術）やプレモニション（予告）といった超能力を信じていることが判明した。

2006年には大学生400人以上を対象にオクラホマ

超常現象とされているものには、
実は科学的に説明できる
現象が多いと懐疑論者は主張する。

上：ナイト・シャマランの脚本・監督による映画『シックスセンス』の一場面。主人公の少年は、自分が死んだことに気づいていない魂と交信することができる。

市立大学のブライアン・ファラとオクラホマ・セントラル大学のゲーリー・スチュワードが共同で調査を行った。その結果、大学4年生と大学院生は1年生と比べ、超常現象を信じる割合が高いことがわかった。調査結果を2001年のギャラップ調査と比較したところかなり似かよった傾向が見られたという(p.8の表を参照)。

なぜ人々は超常現象を信じるようになったのか？懐疑論者はメディアの影響が大きいと指摘する。

今日、超常現象への関心はかつてないほど高まっている。その一因として挙げられるのが、テレビやプロのマジシャンの影響、超常現象をテーマにした映画や番組の増加である。さらにインターネットの普及により超能力者、ヒーラー、タロット占い師らと簡単に交流できるようになったことも挙げられる。また、映画『シックスセンス』(1999)や『アザーズ』(2001)、米国の人気TVドラマシリーズ『ミディアム　霊能者アリソン・デュボア』、『ヒーローズ』、『ゴースト～天国からのささやき』などをはじめ、『ゴーストハンターズ』や英国の『Most Haunted』などの“リアリティ番組”が世界中で人気を博していることも超常現象への関心を後押ししていると考えられる。

しかし、超常現象がわれわれの想像力をかきたててやまないのは、こうした現象が既存の知識や理解の枠組みを超えたところで起きるからだ。実は人間は太古の昔から超能力の存在に気付いていた。例えば、紀元前8世紀頃の作とされるホメロスの『オデュッセイア』には超能力に関するエピソードが満載であり、聖書にも頻繁に登場する。

歴史を通じて、千里眼、予言者、奇術師、聖職者、神

上：ホメロスの『オデュッセイア』に登場する魔女キルケー。魔法の唄で気に入らない男を片っ端から野獣に変えてしまったという。

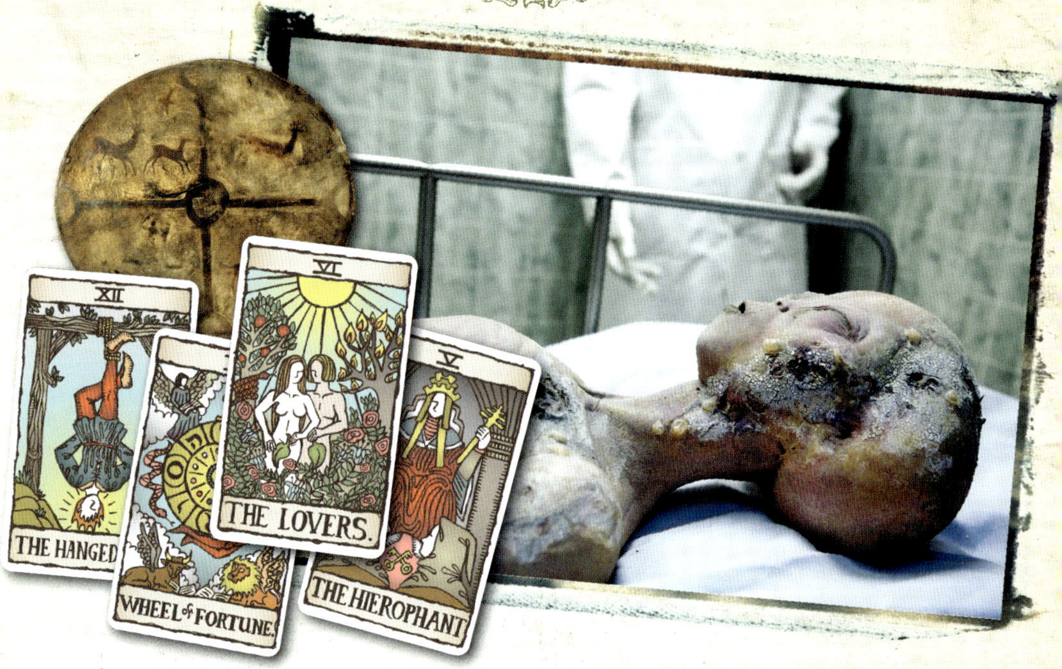


1947年、ニューメキシコ州ロズウェルで発見された宇宙人の模型。

秘主義者、シャーマン、オカルティストらは超能力を操ることができると考えられてきた。そしてこのような能力はおおむね2つの範疇——超感覚的知覚（ESP）とサイコキネシス（念力）——に区分される。超感覚的知覚とは既知の感覚によらずに情報を得る認識作用を意味し、サイコキネシスは意志あるいは精神力によって目の前にある物体を移動させる力をいう。

本書はこうした一見説明不可能な能力について、詳細な示唆に富んだ分析を行うとともに、超能力者と彼らを対象とした科学的研究を掘り下げて紹介している。

科学と超常現象は水と油の関係である。その原因は超能力を証明する科学的証拠が皆無に等しいということと、ニセ者やペテン師が後を絶たない点にある。また、超心理学が研究対象とするUFO、占星術、イエティ・サスクワッチ（雪男）、儀式魔術、魔法、オカルトといった非主流科学が科学的実証研究になじまないという点も見過ごせない。こうした背景から、科学者の多くは超常現象に無関心で、超能力者、ヒーラーと称する人々の存在に眉をひそめてきたのである。さらにもっと大きな問題として、超能力を科学的に解明しようにも、そもそも科学者は超能力の存在を認めていないという点が挙げられる。存在しない物を証明することは不可能なのだ。考えてみれば、科学者がその存在を認めていれば、わざわざ“超常的（supernatural）”能力などと呼んだりしないはずである。

その一方で、超能力に関する科学的研究が一部の科学者によって地道に行われてきたことも事実である。こうした調査・研究の多くは、超能力を証明しようとする実験研究ではなく、超常現象を一般の人々がどの程度信じているのかを調査したものだ（右ページを参照）。

超能力は存在すると主張する人々が根拠とするのが、民間伝承に語り継がれてきた超常現象である。超常現象の記録のほとんどはチャールズ・フォート（1874-1932）らの研究者によって集められたもので、

# 超能力を見せた人への賞金

| 懐疑主義団体 | 賞　金 | 詳　細 |
|---|---|---|
| エイブラハム・コボール<br>博士の挑戦 | 100,000ルピー<br>（スリランカ・ルピー）<br>（1963年当時で約612ポンド） | 統制条件の下で<br>超能力を見せることができた者 |
| アソシエーション・フォー・スケプティカル<br>エンクワイアリー（ASKE）（英国） | 13,000ポンド | 超能力を証明できた場合 |
| オーストラリア・<br>スケプティクス | 100,000豪ドル<br>（約58,000ポンド） | 超能力または超常現象を<br>証明できた場合 |
| センター・フォー・インクワイ<br>アリー・ウエスト（CFI） | 50,000米ドル<br>（約34,000ポンド） | 科学的実験により実験者の<br>目前で超能力を見せた場合 |
| フィニッシュ・<br>アソシエーション・<br>オブ・スケプティクス | 10,000ユーロ<br>（約8,000ポンド） | フィンランド在住者で<br>超常現象を起こすことができる者。<br>ただし、団体が認めた条件の下に限る |
| インディアン・スケプティック<br>100,000パラノーマル・<br>チャレンジ | 100,000ルピー<br>（約1,500ポンド） | 観察者が見守る中、<br>団体が認めた条件の下で超能力を<br>見せることができた者 |
| ノーステキサス・<br>スケプティクス | 12,000米ドル<br>（約8,000ポンド） | 科学的に有効な観測条件の下、<br>超能力を見せることができた者 |
| ケベック・スケプティクス | 10,000米ドル<br>（約6,500ポンド） | 正式な科学的実験により<br>その能力が証明された占星術師 |
| 『サイエンティフィック・<br>アメリカン』誌 | 25,000米ドル2件<br>1922年当時<br>（現在のレートで<br>約1,700ポンド） | （1）本物の心霊写真を最初に提出した者<br>（2）霊を現場に居合わせた<br>人々の目の前に出現させることが<br>できた最初の霊能者 |

http://www.skeptic.com/randi.htmlの情報に基づいて作成。

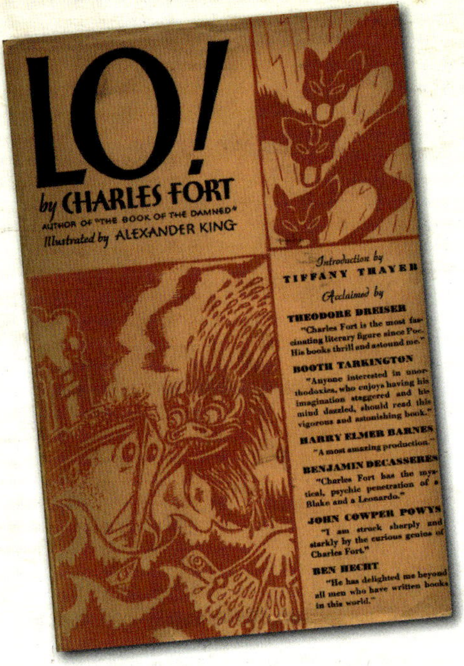


その研究手法は民俗学と相通じるものがある。“超能力”の検証を試みた科学的実験については後の章で詳しく触れるが、それにしても、このような実験はかれこれ1世紀以上も行われてきたというのに、科学的実験で超能力を見せることができた者は一人もいない。これはいったいどうしたことであろうか。超能力を信じる人々は、イスラエルの著名な超能力者ユリ・ゲラーを引き合いに出し、彼は超能力を再三実証してきたではないかと反論する。しかし、ユリ・ゲラーの“超能力”に対しては懐疑的な見方もある。筋金入りの懐疑論者ジェームズ・ランディをはじめとする懐疑論者の間にはユリ・ゲラーのスプーン曲げは単なる巧妙なトリックにすぎないという見方が根強い。

1922年、米国の科学雑誌『サイエンティフィック・アメリカン』は統制条件の下で超能力を見せることができた人に賞金を与えると発表。これをきっかけに様々な組織・団体が超常現象を起こすことができた者に高額の賞金を提供しはじめたのである（前ページを参照）。中でももっとも有名なのがジェームズ・ランディ教育財団（JREF）が主催した“ランディ・チャレンジ”である。科学的実験で超能力を証明した者には100万ドルを提供するというのだ。しかし、12年間該当者がいなかったため、結局このチャレンジは2010年3月に終了。それどころか、今までp.11の表に記載された賞金を受け取った者は誰一人いない。もちろんこれから賞金を手にする者が現れる可能性は否定できない。たとえ一人でも、ESPやサイコキネシスを再現できる者が現れれば、科学者の考えを180度転換させ、小説、ドラマ、映画に登場する超能力は実在することを証明できるのだが……。

上：ジェームズ・ランディ。懐疑主義者。疑似科学を批判し、超常現象の科学的解明に力を注いだ。

# 用語解説

**✪アストラル体投影**
肉体からアストラル体を切り離す行為。

**✪アストラル体**
肉体の外側に沿って存在するエーテル体で、魂や意識を運ぶ。

**✪遠隔透視**
超感覚的知覚を用いて、遠くにある物や肉眼では見えない物に関する情報を集める能力。

**✪オーラ**
人や物が発する、視覚ではとらえることのできない光。超能力者は目にすることができるといわれる。

**✪逆行認知**
過去の出来事に関する超感覚的知覚。

**✪クレアボヤンス**
五官ではとらえきれない物、人、出来事を見通す能力。

**✪交霊**
死者の魂や霊的存在と交信すること。こうした特殊な能力を持つ者は霊媒または霊能者と呼ばれる。

**✪サイ現象（PSI）**
超常現象の総称。

**✪サイコキネシス（念力）**
物体に一切触れずに、念じるだけで物体を移動させたり、物理的影響を及ぼす能力または現象。

**✪サイコメトリー**
物や人に触れることで、それらに関する知識を得る能力。

**✪心霊手術**
素手や簡単な手術器具だけで、病気におかされた細胞を治癒したり取り除いたりする方法。痛みを感じることもなく、手術の跡が残ることもない。

**✪心霊治療**
超能力だけを使って肉体を癒す行為。

**✪スクライング**
別名クリスタルゲイジング。占いの一種で、占い師は反射面を持つ物（水晶球、ボウルにはった水、鏡、キャンドルの炎など）をじっと見つめて、そこにビジョンが現れたり秘密が明かされるのを待つ。

**✪ダウジング**
ダウジング棒やペンジュラムを使って、地下水脈、鉱物、埋蔵品を探し当てること。

**✪チャネリング**
“チャネラー”と呼ばれる霊媒を通じて霊的存在や精霊のガイドが人間とコンタクトをとること。

**✪超感覚的知覚（ESP《イーエスピー》）**
視覚、聴覚、感覚、触覚、味覚に一切頼らずに情報を受け取ること。

**✪超心理学**
テレパシー、クレアボヤンス、サイコキネシスといった超常現象を科学的に実証しようとする学問。

**✪テレパシー**
通常の感覚的手段によることなく、自分の意志や感情を伝えたり、相手のそれを感知する能力。

**✪バイロケーション**
同時に2か所に存在することのできる能力。

**✪予言**
未来を言い当てたり、物、出来事、場所、人に関して誰も知らない事実を明らかにすること。

**✪予知**
物事が起こる前にそれを知ること。

# 第六感
## THE SIXTH SENSE

第六感とは五感以外の感覚によって情報を得たり伝達する能力をいう。
そこには情報をやり取りする者同士で交わされる心の相互作用、
あるいは人間と物質世界との相互作用が関わっているとされるが、
詳しいことはわかっていない。第六感が働くときは、ドアやレンガの壁などの物理的障壁や、
時間や距離といった概念はあたかも存在しないかのようだ。

# 超感覚的知覚（ESP）

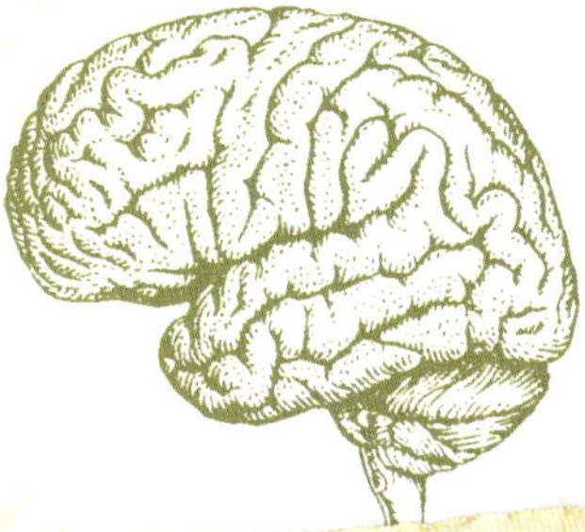

“第2の視覚”とも呼ばれる超感覚的知覚（ESP）の研究は17世紀に始まった。1600年代初め、フランシス・ベーコン卿は様々な実験を提案したが、そのひとつに一組のカードを使った実験がある。

これは順番にカードをめくっていき、次に出てくる数字やスート（組）をどれだけ正確に当てられるかを記録するというものだ。また、1880年代にフランスの心理学者・超能力研究者のチャールズ・リシェもこれと同様の実験を行っている。

“超感覚的知覚”は超心理学者のジョゼフ・バンクス・ライン（1895-1980）の造語である。ラインは超能力研究の先駆者で、1920年代後半、米ノースカロライナ州のデューク大学を拠点に妻のルイザとともにESP研究を開始。彼が亡くなる1980年まで研究は続いた。彼はESPを検証するために様々な実験方法を考案した。ラインの研究目的はただひとつ。それは実験室の統制された条件下で被験者がESPを再現できることを証明することであった。

ラインが行った実験で最も有名なのが“ゼナーカード”を使った実験だ。このカードはデューク大学の同僚カール・ゼナー博士が考案したものである。一見

フランシス・ベーコン卿。
ESP研究の必要性を早くから唱えた。

ふつうのトランプに似ているが、中身は5種類のシンプルな図形——星、十字、四角、円、波形——からなり、各図形には1から5までの数字が振られている。5種類×5枚、合計25枚一組のカードだ。ラインはこのカードを使って学生たちに図形を推測させ、偶然の確率よりも高い正解率——統計的に有意な値——を記録した学生がいないかどうかを調べた。個々のカードに関して正解する確率は5分の1だが、何度やってもこれより高い正解率を得た場合、ESPが関与して

米国の超心理学者
ジョゼフ・ラインと妻のルイザ

## 第2の視覚

- 超感覚的知覚（ESP）（p.16を参照）
- テレパシー（p.26を参照）
- クレアボヤンス（p.36を参照）
- 予知（p.48を参照）
- 逆行認知（p.58を参照）
- 霊媒術（p.66を参照）
- チャネリング（p.76を参照）
- オーラ診断（p.86を参照）
- 自動書記（p.96を参照）
- サイコメトリー（p.106を参照）
- 直観医療（p.114を参照）
- ダウジング（p.126を参照）
- スクライング（p.136を参照）
- アストラル体投影（p.188を参照）
- 遠隔透視（p.198を参照）
- アニマルESP（p.144を参照）

左の写真：フランスの心理学者・超能力研究者チャールズ・リシェ

いると考えたのである。

“第六感”とも呼ばれるESPには、超能力者、予言者、霊媒師などが持つ特殊な能力も含まれる。現在最も研究が進んでいるESPはテレパシー、クレアボヤンス、予知であるが、それ以外にも逆行認知、霊媒術、チャネリング、オーラ診断、自動書記、サイコメトリー、直観医療、ダウジング、スクライング、アストラル体投影、遠隔透視、そしてアニマルESPなどもESPの範疇に含まれる。

右の写真：プランシェットを使って自動書記をする女性。

# ESP診断テスト

ESPは視覚、聴覚、触覚、嗅覚、味覚に頼らずに情報を得る認識作用である。したがって、ESPの存在を確かめる一番良い方法は、被験者が一切の予備知識を持たずに、ある特定の場所、音、物、人物に関する情報を提供できるかどうかをテストしてみることである。ただし、正確に言い当てたとしても、それが単なる偶然によるものである可能性は常についてまわる。とはいうものの、統計的に見ると、他者と比べてかなり高い確率で未知の情報を正確に言い当てることのできる人たちは確かに存在する。このような事実から彼らがESPを持つ可能性は否定できない。

1. ESPを持つ人は世界中にどのくらいいるのか？
物的証拠がないため
正確な数字を挙げるのは難しいが、
ESPを持つと主張する人々は世界中にいる。
2. この能力はどうすれば獲得できるのか？
生まれつき備わった能力と考えられている。
3. 何か前兆は？
全身が研ぎ澄まされた感覚がある、
子どもの頃から相手の話の先が読める、
動物に対して強い親近感を覚える—。
こうした現象はESPの存在を示唆している。
4. 自分にもESPの素質があるかどうかはどうすればわかるのか？
残念ながら努力して身につくものではない。
5. 用意するものは？
ゼナーカードと筆記用具、それに静かな場所。
6. 何か気を付ける点は？
自分が知りたくないことには
関わらないように注意しよう！
知りすぎるのは危険である……。
それと、このパワーは個人的に親しい人に
使ってはいけない。

# ESPカード

自分にESPの素質があるかどうかを確かめるにはゼナーカードが便利だ。カードはニューエイジのショップで簡単に手に入る。25枚のカードを適当に引いた場合、当たる確率は統計的に5分の1である。したがって、何度やっても5分の1以上の確率で正解した場合、ESPが作用している可能性があると考えられる。

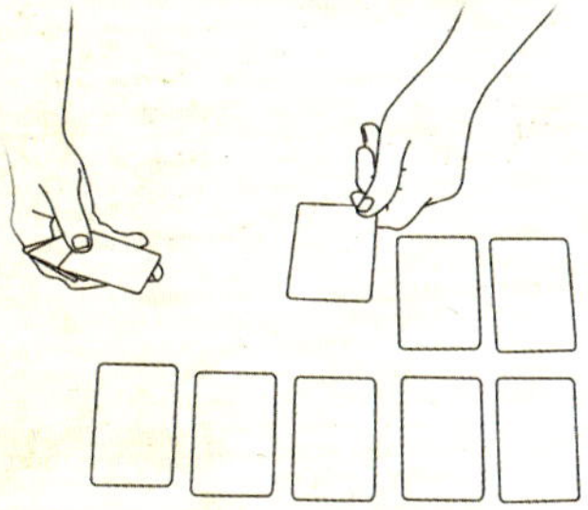

【1】テーブルの上に25枚のゼナーカードを裏向きに5枚ずつ5列に並べる。

【2】カード一枚ずつに意識を集中させ、図形—星、十字、四角、円、波形—が頭に浮かぶまでじっと待つ。

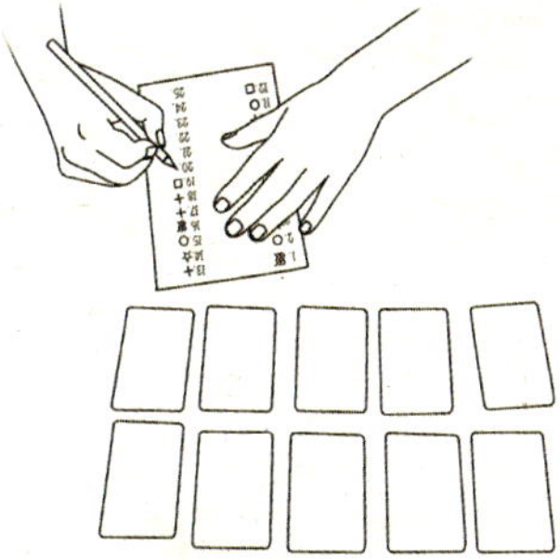

【3】図形が浮かんだら、カードの番号と図形を書き留めよう。

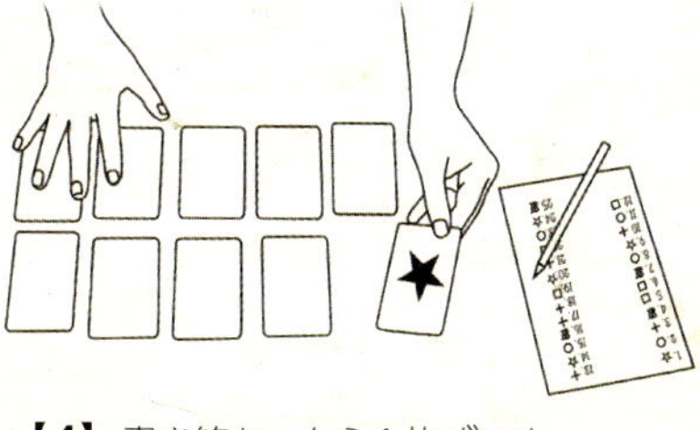

【4】書き終わったら1枚ずつカードをめくって、合っていたかどうかチェックする。

【5】チェックし終わったらカードをシャッフルし、もう一度最初から始める。

事例研究

# マシュー・マニング

英国の超能力者でヒーラーのマシュー・マニングは1955年生まれ。彼の膨大な著書には、サイコキネシス、逆行認知、オーラ診断、アストラルトラベル、自動書記、そして最近ではヒーリングと、多彩な超能力が登場する。

子どもの頃、全寮制の学校に通っていたマニングはある日体外離脱を経験した。魂が肉体を離れケンブリッジシャイアーの自宅に戻ったというのだ。その証拠に母親はその日息子の姿を目撃し、マニング自身も家の中の様子を見たと語っている。ところがこのとき彼の肉体は寮のベッドに横たわっていたのである。

このときマニングは考えた。もしこんなことが意図的にできるのなら、過去に遡ることだってできるはずだ、と。

ある日マニングは
歩きながらトランス状態に陥った。すると
一人の見知らぬ少年が彼に近づいてきた。
その少年は西洋ナシの形をしたオーラに
包まれ、まばゆい輝きを放っていた。
しばらくするとオーラは消え、
少年はマニングのそばを通り過ぎて消えた。

ヒーリング中のマニング

週末のある日、自宅に戻ったマニングは深いトランス状態に陥った。30分後、耳元で女性の声がした。声の主はヘンリエッタ・ウェッブ。1673年に亡くなるまでこの家に住んでいたという。これ以降、かつてこの家に住んでいたほかの“霊”も次々と現れ、やがてマニングの頭の中には自宅が建て直されたばかりの1731年当時の光景が浮かんできた。

ある日のこと、宿題をしていたマニングの手が急に動かなくなった。しばらくするとペンを持った手が勝手に動き始め、紙に何かを書き始めた。走り書きで文章の意味はまったく理解できない。筆跡も自分のものとは違う……。数日後こんどは友達6人の前で同じことをやってみた。やはり何者かがメッセージを送っているようだった。最初のうちはまったく意味がわからなかったが、書き続けているうちにあることに気づいた。どうやら非業の死を遂げた“霊”もしくは自分が死んだことに気が付いていない“霊”が彼にコンタクトを取ろうとしているようだった。しばらくすると、こんどはギリシャ語やアラビア語で自動書記が始まった。これにはマニングも驚いたが、驚くのはまだ早かった……。

ある日の夕方、学校のキャンパスを歩いていると、一人の少年が彼に近づいてきた。見覚えのない顔だ。突然マニングは歩きながら夢見状態に陥り、驚くべき光景を目の当たりにした。西洋ナシの形をしたオーラが少年の体全体を包み込み、まばゆい輝きを放っていたのだ。しばらくするとオーラは消え、少年の姿は見えなくなった。この日を境にマニングは、電気のスイッチのように自分のパワーを“オン”、“オフ”に自由に切り替えることができることに気づいたのである。

## マシュー・マニング

**患者に信仰治療を施す**
**マシュー・マニング**

マニングの話によると、“スイッチが入る”と人のオーラが見えるという。オーラの色はその人の性格を表す。例えば、気性の激しい人は赤が主体だが、親切で寛容な面もある場合は赤に青か紫のふちどりが見える。超能力の強い人のオーラはとくにはっきり見え、そうでない人はぼやけて見える。また、病気の人は患部周辺がどす黒いオーラに包まれているという。

1971年の夏、マニングは自動書記に没頭していた。ロバート・ウェブという男性の霊と交信していたのだ。この男性は1731年にマニングの自宅の玄関を改築した人物で、1733年に他界した。ところが男性は自分が死んだことに気づかず、いまだに自分がマニングの家の主《あるじ》だと思い込んでいた。現代（1970年代）の物価や“馬のいない馬車（自動車）”に戸惑い、マニングが彼のことを馬鹿にしていると思っていたのだ。しかし、ウェブから送られてくるメッセージには年代や日時、性格の面でどうも食い違う点がいくつかあった。前から変だと思っていたが、ある日ようやくその謎が解けた。実はマニングは1713年に亡くなったロバート・ウェブ・シニアと、家を建てた彼の息子ロバート・ウェブ・ジュニアの2人と交霊していたのである。

またこの年、別の奇妙な現象が起きた。マニングの部屋の壁一面に様々な筆跡の人の名前が現れたのだ。部屋に鉛筆を何本か置いて鍵をかけておく。しばらくすると鉛筆が紙の上を走るカサカサという音が聞こえ始める。ただし、誰かが部屋の中にいるときは何も起こらない。1971年のある週には500人以上——旧字体のものも含む——の名前がマニングの寝室の壁に出現した。部屋には鍵がかかっており、名前は壁だけでなく天井やランプのかさなどにも書かれていたという。氏名はマニングの住む村に14世紀から19世紀にかけて住んでいた村人たちのものと考えられ、中には教区記録簿で氏名を確認できたものもあった。

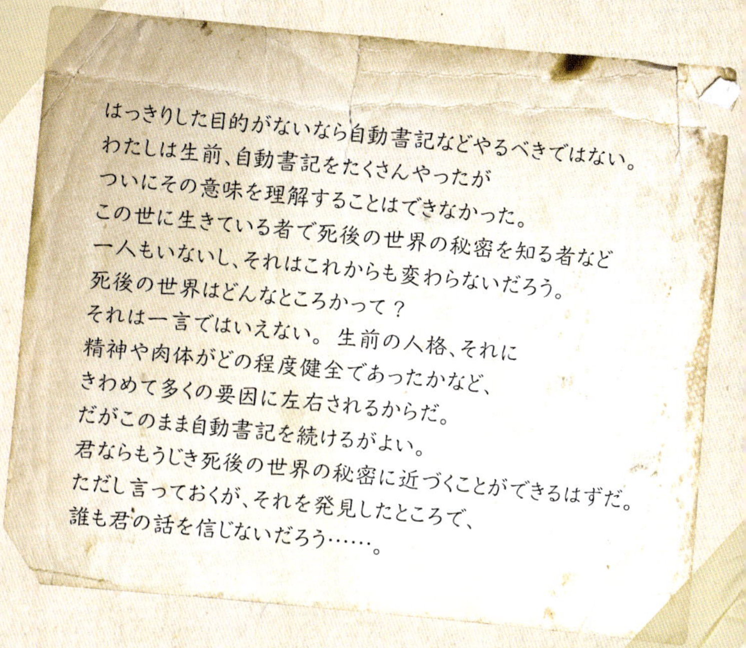
はっきりした目的がないなら自動書記などやるべきではない。
わたしは生前、自動書記をたくさんやったが
ついにその意味を理解することはできなかった。
この世に生きている者で死後の世界の秘密を知る者など
一人もいないし、それはこれからも変わらないだろう。
死後の世界はどんなところかって？
それは一言ではいえない。生前の人格、それに
精神や肉体がどの程度健全であったかなど、
きわめて多くの要因に左右されるからだ。
だがこのまま自動書記を続けるがよい。
君ならもうじき死後の世界の秘密に近づくことができるはずだ。
ただし言っておくが、それを発見したところで、
誰も君の話を信じないだろう……。

**マシュー・マニングによる自動書記の原稿（1972）**

部屋の壁一面に現れる謎の名前や、自動書記によるウェブとの交信――。実はこうした発想は1970年当時、彼が村の歴史を調べる宿題に取り組んでいるうちに思いついた可能性がある。また、子どもの頃家のレンガの外壁に“ジョン・ウェブ1731”と刻まれているのを目にしたことも何か関係があるのかもしれない。マニングはウェブ家に関する情報を収集し、家系図を作成しようとしていたが、足りない情報があると、きまってウェブからコンタクトしてきたという。これは家系図作成を手伝おうというウェブの意思表示であった。

1972年4月、マニングは自動書記によって新しいメッセージを受信した。送り主はフレデリック・ウィリアム・ヘンリー・マイヤーズ（1843-1901）。超能力研究の先駆者で心霊研究協会（SPR）の創立に関わった人物だ。

しかしその一方で、懐疑論者はマニングの能力に疑いの眼を向けている。というのは、マニング本人の証言以外に彼の超能力を裏付ける証拠がないからだ。信頼できる証拠がない以上、こうした見方は当然といえる。これまで著名な科学者によって彼の超能力が研究されてきたことは事実だが、残念なことに実験結果は現在入手不可能である。最近では、自分の“超能力”のすべてをヒーリングに注いでいるとマニングは語っている。

**下記も参照**
超感覚的知覚（ESP） p.16-21
自動書記 p.96-102

# テレパシー

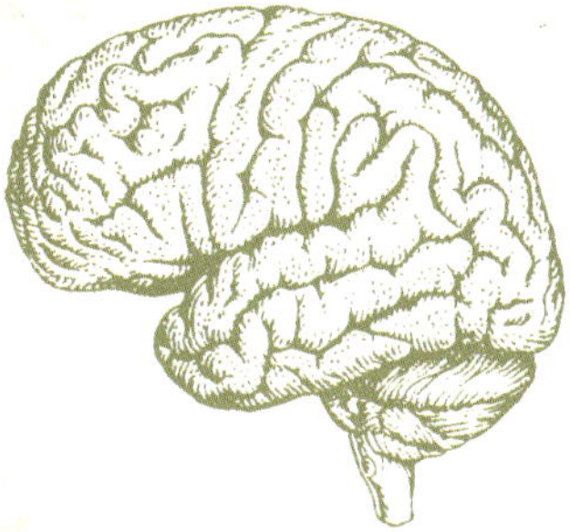

“テレパシー”の語源はギリシャ語の“遠距離”を意味する*tele*と“感情”を意味する*patheia*。文字どおりは“遠距離感情”という意味だ。ESPの一種とされるテレパシーは通常の感覚的手段を使わずに、自分の意志や感情を直接相手に伝えたり、逆に相手の意志や感情を感知する能力である。現代の神秘主義者、ニューエイジ信奉者、超能力者らの話によると、テレパシーはすべての人間に潜在的に備わっており、開発すれば驚くべき能力を発揮できるという。

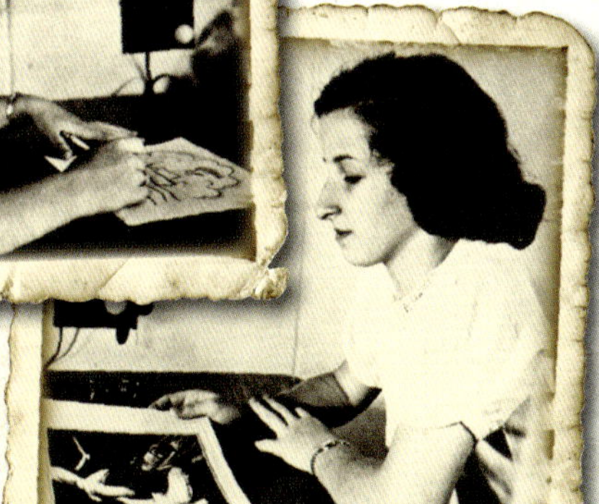

一口にテレパシーといっても、感情、イメージ、言葉など伝える内容は様々だ。マインドリーディングとも呼ばれるテレパシーは一卵性双生児など情緒的な絆が強い者同士で最も頻繁に使われる。双子の兄弟姉妹がESPを持つことを示すエピソードは枚挙にいとまがない。どちらかが重大な事故、心臓発作、陣痛など、激しい感情やトラウマを経験しているときにもう一方の双子がそれを感知して、自分も同じような痛みを感じるといわれる。

テレパシーを解明するための科学的実験は1世紀以上も前から行われているが、その結果の解釈をめぐって論争は絶えず、テレパシーの存在は未だ科学的に証明されていない。“テレパシー”は昔から使われていた“直覚的思考伝達”に代わる用語として1882年にイギリスの古典的理論学者フレデリック・ウィリアム・ヘンリー・マイヤーズが最初に用いた。彼は心霊研究協会（SPR）の創設者の一人だ。心霊研究協会が実施したテレパシーに関する調査の大半は逸話や証言を大量に収集する作業に充てられた。そのうちの一部は1886年に『Phantasms of the Living』全2巻として出版されている。1917年、スタンフォード大学の心理学者ジョン・エドガー・クーヴァーはテレパシーを使うことができるという被験者に対してトランプを使った実験を行った。だが、残念ながらテレパシーの存在を証明するに足りる有意な結果は得られなかったという。

1927年にデューク大学で始まったラインのESP研究については本書のp.17で詳しく触れている。ラインは9万回以上実験を行い、著書『Extra-Sensory Perception』（1934）でESPは“実際に、目の前で再現できる現象”であると結論づけたが、この主張は

上の写真：
ガンツフェルト実験を行うカール・サージェント。

左の写真：ダリル・ベム。米国の超心理学者。ホノートンと共同でガンツフェルト実験に関する論文を執筆した。

大きな物議をかもした。

ラインの実験は体系的な方法を取り入れていないという批判があった。“ESP実験”の結果を再現しようという試みがこれまでプリンストン大学（ニュージャージー州）、ジョンズ・ホプキンズ大学（メリーランド州）、コルゲート大学（ニューヨーク州）、サザン・メソジスト大学（テキサス州）、ブラウン大学（ロードアイランド州）などで行われたが、いずれも失敗に終わっている。

コーネル大学の心理学者ダリル・ベムとエジンバラ大学の超心理学者チャールズ・ホノートンは1974年から81年に、“ガンツフェルト”（“全体野”を意味するドイツ語）実験を42回行い、その成果はESPの存在を実証するものとして賞賛された。この実験は1920年から30年代にゲシュタルト心理学者のヴォルフガング・メッツガー（1899-1979）が考案したものだ。

この実験では情報の“受信者”は防音装置が施された暗い小部屋に入れられる。ピンポン玉で目隠しされ、両方の耳は大きなヘッドホンで覆われ、部屋の中は真っ赤な電気がついている。これらはすべて受信者の感覚を遮断するための措置である。一方、別の小部屋にいる情報の“送信者”は無作為に選んだ何枚かの写真またはビデオテープもしくはその両方を提示され、その中から一つ選んで受信者にテレパシーで送るよう指示される。受信者は頭の中に浮かんだ映像をすべて報告し、見せられた4つの映像の中から自分のイメージに最も近いものを選ぶ。正確に言い当てた場合を“ヒット”とカウントしその数を記録していく。

この実験での正解率は約35パーセントであった。偶然に当たる確率は25パーセントだから、それよりもはるかに高い数値を記録したわけである。これによりESPの存在が科学的に証明されたとホノートンは主張した。このときの実験結果を綴った研究論文は1994年にコーネル大学の心理学教授ダリル・ベムとの共著で心理学系の著名な学会誌『Psychological

上の写真：スーザン・ブラックモア。
英国の心理学者・超能力研究者

Bulletin』に掲載された。

しかし、すべての研究者がホノートンの実験結果を手放しで受け入れたわけではなかった。英国の作家で心理学者のスーザン・ブラックモア博士とオレゴン大学心理学名誉教授のレイ・ハイマンは実験計画に不備があると主張した。彼らは防音設備のない部屋で何度か実験が行われた点に触れ、ビデオを上映しているときに“受信者”がそれを立ち聞きしていた可能性を指摘したのである。また、ブラックモア博士はガンツフェルト実験が前提とする考え方に疑問を呈しただけでなく、多くの超心理学研究の根本的な考え方——超常現象は（生得的能力よりも）ある特定の精神状態、例えば夢見、催眠、感覚遮断、瞑想、薬物の影響等によって生起するという考え方——に疑問を呈したのである。こうした前提を裏付ける証拠はないというのがブラックモア博士の見解だ。

さらに、ハイマン教授はガンツフェルト実験の初期の統計に現れた変則性を指摘し、結果は実験方法の不備によってもたらされた可能性があると批判した。一方、こうした批判をよそに、超心理学者の多くはガンツフェルト実験の結果を支持している。ESPとテレパシーの存在を証明するという点において、これほど説得力のある証拠はほかに見当たらないというのが彼らの主張である。

## 診断

### テレパシー診断テスト

**1. テレパシーを使える人は世の中にどのくらいいるのか？**

正確な数字はわからないが、
テレパシーは超能力の中で最も
報告件数が多く、とくに双子に多い。

**2. この能力はどうすれば獲得できるのか？**

誰にでも潜在的に備わっている能力なので、
開発する余地はあると考えられている。

**3. 何か前兆は？**

しょっちゅう勘が働き、
しかも当たっていることが多ければ、
テレパシーの存在を示唆していると考えられる。

**4. 自分もテレパシーが使えるようになるかどうかはどうすればわかるのか？**

他人の思考や感情にきわめて敏感で、
意志が強い人は素質があると考えられる。

**5. 用意するものは？**

形は同じで色が違う物を５個。
例えば、ペン、ゴムバンド、用紙、クリップ。
送受信のテストに使う。

**6. 何か気を付ける点は？**

精神的疲労。
実験中は適当に休憩をとること。

# テスト1

## オブジェクト・テレパシー

**[1]**　同じ形で色が違う物を5個用意する。例えば、ペン、ゴムバンド、用紙、クリップ。

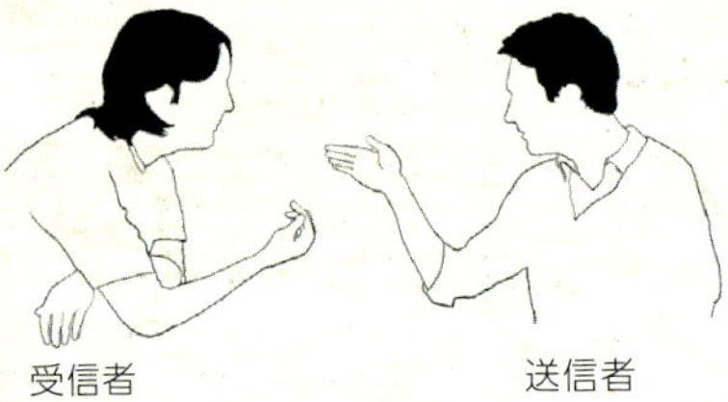


**[2]**　まず2人のうち、どちらが情報の“送信者”で、どちらが“受信者”かを決める。

**[3]**　呼吸法や瞑想などでリラックスしよう。雑念を払いテストに集中する。

**[4]**　集中できたら、送信者は心の中で一つの色をイメージする。そして“始めます”と言ってから、その色を受信者にテレパシーで送る。

**[5]**　受信者は送られてくる色を受けとることに集中する。

**[6]**　受信者は感じ取った色を声に出して答える。

**[7]**　送信者は答えが合っていればイエス、間違っていればノーと答える。

**[8]**　答えがノーの場合、送信者はあと5分間同じ色を送りつづける。

**[9]**　今度は別の色を選んで“始めます”と言ってから、また同じ要領で送り始める。

**[10]**　休憩をはさんで、送信者と受信者が入れ替わり、同じことを繰り返す。入れ替わる前後で正解率がどう変化したか比較してみよう。

# テスト2

## テレホン・テレパシー

家族や友人のことを考えていたらちょうどその人から電話がかかってきた。電話が鳴った瞬間、誰からの電話かなんとなくわかる――。皆さんにもこのような経験があるのではないだろうか。これはテレホン・テレパシーと呼ばれる現象で、異色の生物学者ルパート・シェルドレイクはこの現象を解明するためにロンドンのゴールドスミス大学で一連の実験を行った。被験者が受話器の向こうの相手を言い当てるテストを全部で571回行った結果、正解率は40パーセント以上であったという。統計的に有意な数字が得られたことから、単なる偶然では説明のつかない力が作用しているとシェルドレイクは確信した。

科学者はテレホン・テレパシーを"疑似科学"と一蹴するが、テレパシーを調べる簡単な方法を以下に紹介する。

**[1]** まず情報の受信者を1人、送信者を4人選ぶ。いずれも家族か親しい人が望ましい。

**[2]** 受信者は送信者とは別の場所で待機する。

**[3]** 送信者4人のうち1人を無作為に選び、あらかじめ決められた時間に受信者に電話をかける。ただし、相手のことを数秒間思い浮かべてから電話をかける。

**[4]** 電話が鳴ったら、受信者は誰からの電話かを周囲に伝えてから受話器をとる。

**[5]** 電話に出て、当たっていたかどうかを報告する。

**[6]** 途中でメンバーを入れ替えこの実験をできるだけ多く繰り返し、当たった回数と外れた回数を記録していく。

**[7]** シェルドレイクによると、偶然に当たる確率は25パーセントだから、結果がそれよりも統計的に有意に高い場合は、テレパシーが作用していると考えられるという。

ルパート・シェルドレイク

事例研究

# アプトン・シンクレア

アプトン・シンクレア（1878-1968）は米国の作家・ジャーナリスト。様々なジャンルの著作は90冊を超え、ピューリツァー賞も受賞している。アルベルト・アインシュタインが序文を寄せた著書『メンタルラジオ』（1930）は超能力研究に大きな影響を与えた。心理学者のウィリアム・マクドゥーガル（1871-1938）は『メンタルラジオ』に影響を受けてデューク大学に超心理学部を創設。J・B・ラインが学部長を務めたことで知られる。

『メンタルラジオ』には彼の2番目の妻メアリー・クレイグ・キンブローと行った実験が詳細に描かれている。自分にはテレパシーが備わっていると確信していたシンクレアはそれを実証しようと300回にものぼる実験を、3年がかりで実行した（1928-1930）。この壮大な実験の結果、シンクレアはテレパシーの存在を科学的に証明できることを確信した。

『メンタルラジオ』に書かれている実験手順は次のとおりである。まずシンクレアが書斎に閉じこもって、頭に浮かんだ絵を紙に描き、封筒に入れて糊付けする。一方、別の部屋で妻の“クレイグ”がその絵を“受信”して紙に描く。こうしてクレイグが再現した絵は合計290枚にのぼり、動物、木、星、家具、帽子など種類は様々だ。このうち正確に再現できたのは65枚（23パーセント）、部分的に正しかったのが155枚（53パーセント）、70枚（24パーセント）は失敗だったという。もちろん実験は科学的な統制条件の下で行われたわけではないが、成功率は偶然の確率をはるかに上回っていた。シンクレアはこのとき重要なことを発見したと述べ、それを“ユニバーサル・マインドスタッフ”と呼んだ。

実はクレイグのテレパシーを実験したのはシンクレアが最初ではなかった。クレイグは以前から兄のロバート・アーウィンとテレパ

左の写真：**心理学者ウィリアム・マクドゥーガル**

シンクレアは受信した映像を
実際絵に描くことでテレパシーの
存在を証明しようとした。

シーでよく交信していた。ロバートの自宅はカリフォルニア州パサデナにあり、シンクレア夫妻の住むロングビーチからは65㎞離れていた。実験は、一日のうちある決められた時間にクレイグが書斎のソファに座ってトランス状態に入ることから始まる。同じ時刻、ロバートは無作為に選んだ身の回りの物をスケッチする。1928年7月13日、ロバートからの絵をテレパシーで受け取ったクレイグは“フォークが見えただけ”というメモを残した。2人は遠く離れていたため、結果を確認できたのは数日後の7月15日であった。2人がメモを確認しあったところ、ロバートはたしかにフォークの絵を描いていた。

1932年、ボストンに本拠を置く米国心霊研究協会のウォルター・フランクリン・プリンスはシンクレアの実験結果について独自に分析を行った。その報告書は同年4月の協会紀要（No.16）に掲載された。報告書の中でプリンスは、データには不正、偶然、経験から割り出した推測などが入り込む余地はないと結論付けている。また、報告書のタイトル『The Sinclair Experiments Demonstrating Telepathy（シンクレアの実験―テレパシーの証明）』から、シンクレアの研究に対して肯定的な見方をしていたことがうかがえる。しかし、見落としてはならない点がある。それはシンクレア夫妻が『メンタルラジオ』で取り上げたのは成功事例だけで、失敗例は意図的に割愛されている点だ。これは読み物として内容を面白くしようとしたことと、テレパシーは存在しないという印象を一般の読者に与えることをおそれたためと考えられる。

下記も参照
テレパシー　p.27-33
超感覚的知覚（ESP）　p.16-21

# クレアボヤンス

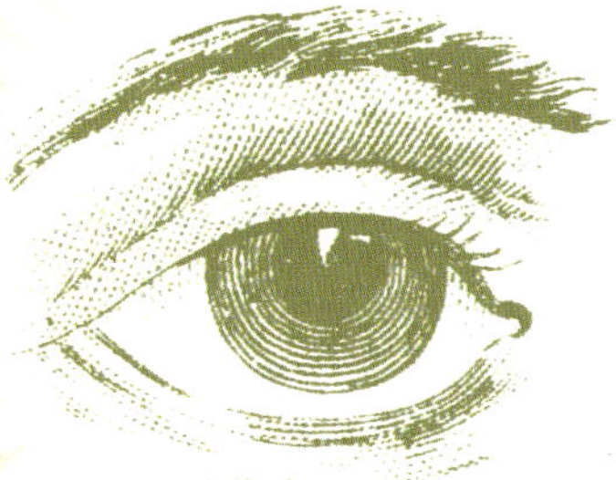

クレアボヤンスとは、通常の感覚経路では感知できない物体、事象、人間、映像などを知覚する能力である。語源はフランス語で“鮮明な”という意味の*clair*と“視覚”を意味する*voyance*。したがって、文字どおりは“鮮明な視覚”という意味である。広義には超感覚的知覚（ESP）の一つとされるクレアボヤンスは通常の精神状態以外に、瞑想やトランス状態、睡眠中にも経験することができる。また、極度のストレスを感じているときや、幻覚誘発薬、断食、病気などによって誘発されるアルタードステイツでも経験するとされている。

ペイシェンス・ワースの霊を“チャネリング”するパール・カラン

本書で紹介する超能力の多くはクレアボヤンスの範疇に入る。逆行認知（過去を見通す力）、予知（未来を見通す力）、サイコメトリー（物に触れることによってその物自体や持ち主の過去を知る能力）、遠隔透視（超感覚的手段によって物体、場所、人に関する情報を収集する能力）、そして、水晶球、ボウルに張った水、ペンジュラムなどを使用して現在、過去、未来を占うスクライング（別名クリスタルゲイジング）はクレアボヤンスの一部だ。

クレアボヤンスは“第2の視覚”、“第六感”、“霊視”などとも呼ばれ、どの感覚器官を用いるかによって5つのタイプに分類できる（p.40-41を参照）。5つとは“クレアセンシェンス（透感）”、“クレアオーディエンス（透聴）”、“クレアエイリエンス（透嗅）”、“クレアコグニザンス（透知）”、“クレアガスタンス（透味）”である。

また、ニューエイジ信奉者にとっては内なる目(イナービジョン)、すなわち物質世界の向こう側にある霊的世界を見通す力を意味する。これに対し懐疑論者は、もしクレアボヤンスが本物なら、とうの昔に科学的に証明されているはずだと主張し、ESPと共に疑似科学とみなしている。

“クレアボヤンス”という言葉が初めて英語で使われたのは1840年である。しかし第2の視覚を持つ人々の存在はもっと昔から語り継がれてきた。古代ギリシャのデルポイの神託を告げたピューティアー(巫女)から、17世紀のスコットランド高地地方の予言者、

クレアボヤンスの記録は世界の歴史に登場する。

オーストラリアのアボリジニ、アメリカ先住民の医術師や聖職者、さらには19世紀から21世紀にかけて登場した霊媒や超能力者たちだ。

世界的に有名な予言者の一人にジーン・ディクソン（1904-1997）がいる。並はずれた透視力を持つ彼女はハリウッド女優キャロル・ロンバードやマリリン・モンローの死、さらにはジョン・F・ケネディ大統領の暗殺を予言したとされる。彼女はリチャード・ニクソン元大統領の“サイキック・アドバイザー”も務め、1981年から89年までナンシー・レーガン元大統領夫人専属の占星術師であった。

上の写真：1963年、ジョン・F・ケネディ大統領の暗殺を伝える記事。

上の写真：ニクソン元大統領は
ジーン・ディクソンを“予言者”と呼んだ。

しかし、ディクソンの予言には外れも多かったと懐疑論者は指摘する。例えば、1958年に第3次世界大戦が勃発し、1960年の大統領選でジョン・F・ケネディ候補が敗北し、米国に先駆けソ連が月へ到達する、西暦2000年には地球上に平和が訪れる——。こうした予言はことごとく外れている。ディクソンの透視力を賞賛する声にかき消されるように、外れた予言が取り上げられることはめったにない。

こうしたバイアスは“ジーン・ディクソン効果”と呼ばれる。この言葉を最初に使ったのは米フィラデルフィアのテンプル大学の数学者ジョン・アレン・パウロスだ。“ジーン・ディクソン効果”とは、マスコミが的中した予言を誇張して報道する一方で、外れた予言の多くを無視する傾向を指す。実際ディクソン自身も予言の多くは外れたことを認めている。そもそもクレアボヤンスは厳密な意味では科学とは呼べず、科学的法則にもとづいて検証すべきものではない、というのが彼女の主張であった。

# クレアボヤンスの5つのタイプ

## クレアセンシェンス（透感）

物や人に触れることで“エネルギー”を感じ取り、そこから情報を得る能力。この言葉は主に人の“波動”を霊感で感じ取る能力を指す。この能力の持ち主は人の思考や感情が手に取るようにわかり、病気を察知することもできるとされる。

## クレアオーディエンス（透聴）

通常の聴覚では察知できない声、音楽、騒音などを聞き分ける能力。

この能力は19世紀後半から20世紀初めの心霊主義運動が盛んな頃に注目を集めた。当時霊媒の多くは、自分は精霊の声に導かれていると語ったが、そうした声は霊媒を介して交霊会で伝えられた。クレアオーディエンスはチャネリングの一種で、霊媒は“コズミック・バイブレーション”または“サイキック・バイブレーション”と呼ばれるメッセージを受け取る。それは地球とは別の“周波数（次元）”からの思考として伝えられるという。その送り手である“霊的存在”は亡くした最愛の家族、精霊のガイド、天使、暗黒世界のネガティブなフォース、あるいは地球外生命体などである。こうしたメッセージはふつうの耳では“聞く”ことができず、“内なる心の耳”でしか聞くことができない。

## クレアエイリエンス（透嗅）

周囲に人や生き物がいないのに、匂いを嗅ぎとる能力。クレアエイリエンスの持ち主は、花、香水、タバコ、食べ物の匂いの中に、亡くなった人の匂いを嗅ぎとることができるとされる。昔から、幽霊が登場する物語では善悪を匂いで判断するシーンがよく登場する。例えば、花のような良い香りがすれば善の幽霊であり、カビ臭く、腐ったような匂いがするのは悪霊とされる。こうした独特の匂いを持つ幽霊の話は中世キリスト教の聖人の伝記にも登場する。天使や聖人は甘美な芳香を放ち、悪魔は硫黄のような悪臭を放つと記されている。

## クレアガスタンス（透味）

クレアガスタンスの持ち主は食べ物を実際に口の中に入れなくても味がわかる。言い換えれば、通常の味覚ではなく超能力によって飲食物の味を知ることができるのだ。この能力を持つ者は死者の魂の存在を生前の好物を通じて身近に感知することができるといわれる。

## クレアコグニザンス（透知）

一切の事前情報なしに、ある場所、人物、状況に関係する知識や情報を得る能力。この能力は予知という形で発揮される場合もある。こうした能力を有するのは、精霊のガイドまたは“高次の自己”が情報を教えてくれるからだという説もある。この能力を持つ者は突然のひらめきを経験し、今までまったく知らなかったことについて確固たる意見や洞察が浮かぶとされる。

# 診断

## クレアボヤンス診断テスト

### 1. クレアボヤンスを持つ人は世の中にどのくらいいるのか？

ESP同様、正確な数字はわからないが、
ジーン・ディクソンやドリス・ストークをはじめ
世界的に有名な人物は数名いる。

### 2. この能力はどうすれば獲得できるのか？

生得的な能力で、
非日常的な出来事をきっかけに
ある日突然目覚めるといわれている。

### 3. 自分にも素質があるかどうかはどうすればわかるのか？

人一倍感受性の強い人は素質がある。

### 4. 用意するものは？

地名当てクイズに必要なテーブルと
筆記用具。

### 5. 何か注意すべき点は？

クレアボヤンスを使いすぎると
精根尽き果ててしまう。

# テスト1

## 地名当てクイズ

このテストには3人必要である。

**[1]** あなたと参加者が約1～2m隔てて、小さなテーブルをはさんで座る。

**[2]** あらかじめ10枚の紙に1つずつ地名を書いておく。

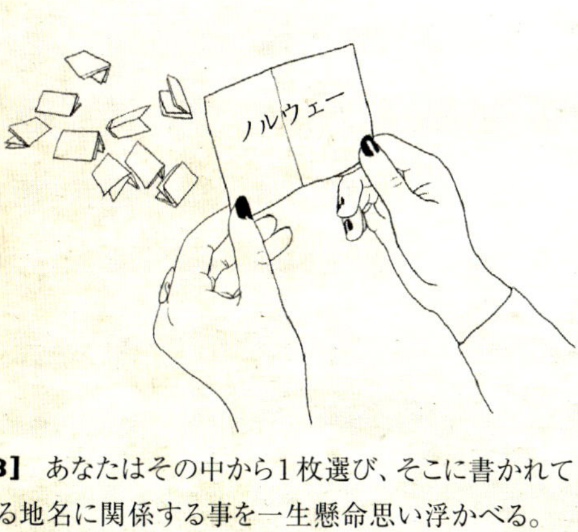


**[3]** あなたはその中から1枚選び、そこに書かれている地名に関係する事を一生懸命思い浮かべる。

**[4]** あなたの前に座っている参加者に、頭に浮かんだ場所について話をするよう促す。

**[5]** もう一人の参加者は記録係として、**[4]**の参加者の話しを記録する。どんなことでも細大漏らさず書き留める。

**[6]** 続けて2枚目の紙を選び、以下同じ要領で10箇所すべての地名についてテストする。紙は選んだ順番にテーブルに伏せておく。

**[7]** 10枚目が終わった時点で紙に書かれた地名と参加者の証言がどの程度合っていたか照合する。

**[8]** 3人の役割を変えながらこのテストを繰り返す。役割を変えたことによって正解率がどう変化したかもチェックしておこう。例えば、メッセージを送るよりも受け取るほうが得意な人がいるかどうかなどもあわせて記録しておく。

# テスト2

## クレアボヤンス問診票

| | 質　問 | イエス | ノー |
|---|---|---|---|
| 1 | 幽霊を見たことはありますか? | | |
| 2 | 一人でいるとき<br>誰かがあなたの名前を呼んでいるのを聞いたことはありますか? | | |
| 3 | 一人でいるとき部屋に誰か人の気配を感じたことはありますか? | | |
| 4 | 何か匂うが、何の匂いなのかわかならい……。<br>いままでにそんな経験はありますか? | | |
| 5 | あなたは勘が鋭いほうですか?その勘は当たることが多いですか? | | |
| 6 | 電話が鳴ったとき誰からの電話かだいたい見当がつきますか? | | |
| 7 | 誰かと向き合って座っているとき<br>相手の考えていることが頭に浮かんできますか? | | |
| 8 | 誰かの病気を本人が気づく前に言い当てたことはありますか? | | |

上記のうち４つ以上にイエスと答えた人はクレアボヤンスがあると考えられる。

事例研究

# ティアナのアポロニウス

アポロニウスは1世紀にティアナ（現在のトルコ共和国南部のボル）で生まれた。ティアナは当時ローマ帝国支配下のカッパドキア地方にあった。アポロニウスの生涯を描いた伝記作家フィロストラトス（170頃-247）によると、アポロニウスは哲学者、教師、ベジタリアン、奇跡の人、予言者、透視者など様々な顔を持つカリスマ的存在で、イエス・キリストにたとえられることも多かった。伝説の知の巨人として誉れ高い彼の思想は2千年以上にわたって科学的思考や霊的思想に大きな影響を及ぼしてきた。

フィロストラトス著『Life of Apollonius of Tyana（ティアナのアポロニウスの生涯）』に面白い怪奇譚がある。ある日アポロニウスは弟子メニプスの結婚式に招かれた。ギリシャのコリントスに住むメニプスは、外国人の美しい妻をめとろうとしていた。ところが、アポロニウスは花嫁に最初に会ったときから何か嫌な予感がしていた。そして詮索するうちについにその正体を見破ったのである。実は彼女はラミア（ギリシャ神話に登場するリビアの王女で子どもをむさぼり食う魔女）で、挙式が終わり

ティアナのアポロニウス

……この婚礼の宴はわれわれをだまそうとするはかりごとである。
わたしの言っていることが事実であることは
やがて明らかになるであろう。
この花嫁の正体は吸血鬼である。
ラミア、妖怪のたぐいである。このものどもは恋におち、
アプロディーテーの寵愛を得ようとするが、
なによりも人間の肉が大好物なのだ。
きらびやかな美しさで男たちを誘惑し、
宴を催しては人間の肉をむさぼり食うおそろしい連中である。

『ティアナのアポロニウスの生涯』から抜粋

## ティアナのアポロニウス

ティアナはトルコの古代都市アナトリアであった。

次第メニプスを食べてしまう魂胆だったのだ。

自分の見立てが正しいことを証明するため、アポロニウスは婚礼の宴と来賓をすべて超能力で消し去り、すべては女が仕組んだ罠であることを知らしめた。すると女はもとの醜い姿——魔女ラミア——に戻ったという。このエピソードには物質社会に潜む危険に警鐘を鳴らすアポロニウスの哲学がよく表れており、ジョン・キーツの物語詩『レイミア』（1819）のモチーフになったとされる。

クレアボヤンスの事例はローマ時代の歴史家カッシウス・ディオ（150頃-235）が著した『Roman History（ローマの歴史）』にも登場する。紀元96年9月18日、ローマ皇帝ドミティアヌスはローマの王宮で暗殺された。そのとき剣で最初の一撃を加えたのが執事の一人ステファヌスであった。『ローマの歴史』によると、暗殺の瞬間アポロニウスは数百マイル離れたエフェソス（現在のトルコ西海岸の都市）で演説をしていた。ところが途中アポロニウスの声が小さくなり、話

左の絵：
**メニプスの花嫁の正体を暴くアポロニウス**

右の絵：
**ポンペイで発見されたローマ時代のモザイク画。“魔術相談”の様子が描かれている。**

が途切れた。しばらくの沈黙の後、彼は地面を見て突然奇妙な声で叫んだ。「よくやった、ステファヌス!でかしたぞ。おまえは血に飢えた卑劣なやつをその手で懲らしめたのだ」。わずかな沈黙の後、アポロニウスは聴衆に向かって再び語り始めた。「みんな安心するがよい。今日、暴君は暗殺されたのだ」

暴君ドミティアヌスは在位中、哲学者を厳しく迫害したことからアポロニウスが皇帝に敵意を抱いていたことは想像に難くない。よって暴君の死は喜ぶべき出来事だったといえる。こうした背景から、アポロニウスは（数百マイル離れたところで起きた皇帝の死を超能力で知ったのではなく）、事前に暗殺計画を知らされていた可能性があり、もしかしたら暗殺計画に加わっていた可能性もあると研究者は指摘する。


下記も参照

超感覚的知覚（ESP）　p.17-21
テレパシー　p.27-33

# 予知

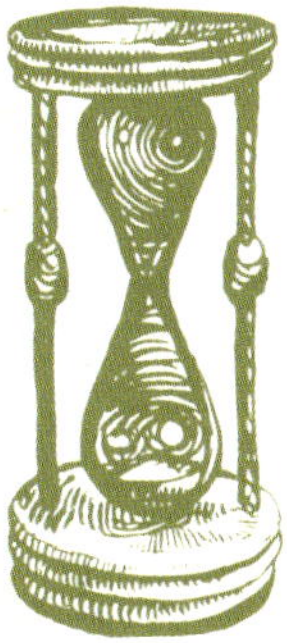

予知（ラテン語の*precognition*に由来する）の文字どおりの意味は“先見の明”である。超心理学用語としては、超感覚によって未来のビジョンを見たり、未来に関する知識を直接得ることのできる能力を指し、“第2の視覚”とも呼ばれる。予感（何かが起こるような気がすること）や予言も予知能力と密接な関係がある。予知は超感覚的知覚（ESP）の中で最も報告件数が多く、その大半は予知夢である。また、目が覚めているときに一瞬未来の映像が浮かんだり、幻聴あるいはトランス状態を経験することによって予知能力が活性化する例も報告されている。

地震などの自然災害は
たいてい予知できるという。

予知能力は未来の出来事の24時間前に発揮されるケースが多いが、ごく稀に数週間、数か月、あるいは数年前に発揮される場合もある。予知の対象は死亡、病気、飛行機の墜落事故、地震などの自然災害だ。超心理学者によると、未来にはいくつもの可能性があり、予知はそのほんの一部を垣間見る行為だという。そして数ある可能性のうちどの未来が現実のものとなるかは現在の状況と既知の情報によって決まる。そしてこの2つの要因は人間の自由意志によって塗り替えることができるとされる。一方、それとは対照的に、未来は不変で人間の自由意志などというものは幻想にすぎないことを予知は如実に示しているという説もある。

19世紀の終わり、英国心霊協会は予知事例の収集と検証に乗り出した。しかし、予知に関する体系的な研究が始まったのは1925年以降のことで、先鞭をつけたのは英国の航空エンジニア、ジョン・ウィリアム・ダン（1875-1949）である。研究成果は『An Experiment with Time』（1927）に発表された。

ダンが予知に興味を持ち始めたきっかけは1899年のある夜に見た夢だ。それは腕時計が4時半を指したまま止まってしまった夢であった。翌朝、目が覚めて腕時計を見てみると、なんと時計の針は4時半を指したまま止まっていたのだ。この一件以来、ダンは様々な予知夢を見るようになった。その内容は日常生活の些細な出来事から新聞に載るようなニュースまで実に広範囲に及んだ。これらの出来事はいずれも夢を見た翌日に起こったという。そして1913年のある日、列車の衝突事故の夢を見た。事故現場はスコットランドの第4鉄橋付近の線路で、3月か4月に起こる予感がした。そして1914年4月14日——。フライングスコッツマン（ロンドン—エジンバラ間を走る急行列車の愛称）が第4鉄橋の北25キロ付近で衝突事故を起こしたのである。

ダンは研究の末、誰でも予知夢を見ることを発見し、その仕組みを説明するための理論を提唱した。それによると、人生は映写機が映し出すフィルムのようなもので、人間の心は夢の中でコマを“早送り”して先の展開を垣間見ることができるのだという。残念ながらこうした考え方は科学者には受け入れられなかったが、『An Experiment with Time』は今や超心理学の古典として位置づけられている。

J・B・ラインがデューク大学で行ったESP研究（p.17-21を参照）には予知に関するものが多く含まれている。『An Experiment with Time』に感銘を受けたラインはESPカードに改良を加えて予知に

予知とは超感覚的知覚により
未来を見通すことをいう。

ダンは第４鉄橋付近で
列車が衝突する夢を見た。

関する実験を行った。それは束になったカードを上から順にめくっていき、次のカードを当てるという簡単なものだった。

予知能力研究で物議をかもした人物に英国の数学者・超能力研究者サミュエル・ジョージ・ソウル（1889-1975）がいる。1941年から43年にかけて予知に関する実験を行った。彼が同僚と開発した簡単なテストの内容は次のとおりである。まず動物の絵柄をあしらったカードを５枚用意する。別室にいる被験者にそのうちの一枚を渡し、被験者がどのカードを見ているのかをもう一人の被験者が当てるというものだ。写真家のバジル・シャクルトンの立ち合いのもとで行われたこの実験では驚くべき結果が出た。被験者は3,789枚のカードのうちなんと1,101

枚を正確に当てたのだ。偶然の確率をはるかに超えるこの数字に、当時の超心理学者たちはESPの存在がついに証明されたと実験の成果を称えた。ソウルは以前からJ・B・ラインの研究手法を批判してきたが、ラインは“超心理学研究の快挙”とソウルを称えた。当時、実験結果を疑問視する声があったものの、1978年にソウルが正解数を水増ししていたことが発覚するまで、この実験の妥当性に正面から異論を唱えた者はいなかった。

データ改ざんの事実が明るみに出たことによって、実験結果がはたして科学的検証に耐えうるのかどうかという疑問が湧きあがった。懐疑論者が批判する最大のポイントは、自称予知能力者には“セレクション・バイアス”が作用しているという点である。簡単に言うと、われわれは予知が当たったときのことはよく覚え

左の写真：サミュエル・G・ソウル。
データ改ざんが発覚したことで名声は地に落ちた。

ているが、外れたときのことは完全に忘れているということだ。また、予知を説明する理論にクリプトムネジアがある。これは未来の出来事に関する情報をどこかで入手したのだが、どこで入手したのかを忘れてしまっている状態をいう。この場合、本人は実際にその出来事が起きたとき、自分は特殊な能力でそれを事前に察知したと思い込んでいる。科学者の意見では、予知能力が単なる偶然ではないことを証明するには、科学的に統制された条件の下で定期的にその能力を再現することが必要である。しかし残念ながら、“第2の視覚”を持つ者がこれまでこうした実験に参加したためしはない。この事実だけをもってしても予知能力は誇張されていると考えるのに十分だ、と懐疑論者は主張する。

# 診断

## 予知能力診断テスト

### 1. 予知能力を持つ人たちは世の中にどのくらいいるのか？

かなり多い。
予知夢を見たと信じている人が多いことが原因だ。

### 2. この能力はどうすれば獲得できるのか？

ほとんどは遺伝だが、
人生の後半にこの能力に目覚めることもある。
とくに女性の場合、閉経期に多い。

### 3. 何か前兆は？

一瞬ビジョンや
予知夢を見たりすることがある。

### 4. 自分にも予知能力があるかどうかはどうすればわかるのか？

何か起こりそうな予感があり、
しかもそれがたいてい当たっている場合、
予知能力の存在を示唆している。

### 5. 用意するものは？

トランプと筆記用具。

### 6. 何か気を付ける点は？

予知能力に関心を持ち始めると、
未来のことだけに関心が向き、
現実から目をそらしてしまう傾向がある。

# テスト

## トランプを使ったテスト

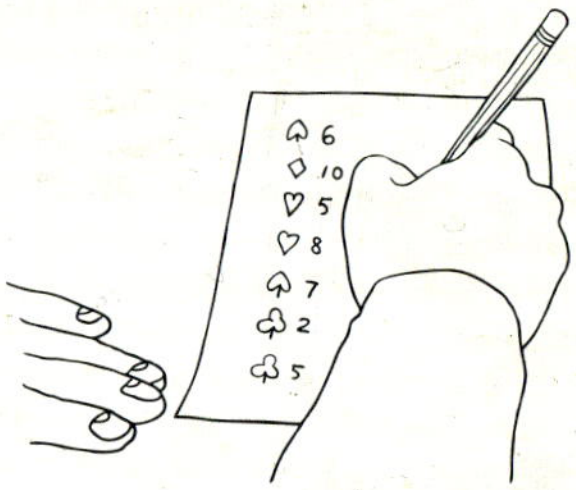

このテストには2人必要である。
あとはトランプと筆記用具があればOKだ。

**[1]**　パートナーに頼んで束からエースのカードを4枚抜き取ってもらう。

**[2]**　エースを抜き取ったカードをパートナーにシャッフルしてもらう。

**[3]**　さて今度はあなたの番である。リラックスして心の眼でカードをイメージし、どのカードがどの順番で出てくるかを予想する。思い浮かんだカードの数字とスート（組）を用紙にメモしていく。

**[4]**　次にカードをシャッフルした人が48枚のカードを1枚ずつめくりながら、数字とスート（組）を記録していく。

**[5]**　あなたが予想した順番と見比べながら、的中した回数を記録する。

**[6]**　4枚以上正解していたら（確率はたった50分の1だ）、単なる偶然ではない力――もしかしたら予知能力――が作用していると考えられる。

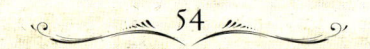

事例研究

# ステラ・C

霊媒の“ステラ・C”（ドロシー・ステラ・クランショー）は1900年、英国ノース・ウリッジに炭焼き職人の娘として生まれた。1920年代、ステラ・Cは超能力研究者ハリー・プライス（1891-1948）が主催するロンドンの英国心霊研究所（NLPR）で数々の交霊会を行った。当時ロンドンの病院で看護婦として働いていたステラ・Cが予知能力に目覚めたのは1923年4月12日の交霊会でのことだった。このときも会場ではラップ現象、ひとりでに動くテーブル、ステラの指導霊パルマとの交信など、交霊会特有の現象が見られた。

交霊会も半ばに差しかかったとき、ステラ・Cは突然トランス状態に陥り、参加者の一人ミス・フィルモアに向かって次のように語った。英紙『デイリーメール』の一面に“1923年5月19日”という日付と、大きな字で書かれた“アンドリュー・ソルト”という名前が見える。さらに、一人の少年が倒れ、その横で心配そうに覗きこむ医師が容器から白い粉を出して少年に与えている、というのだ。しかしこのときはステラ・Cの話を誰も気に留めなかった。ところがそれから37日後――。『デイリーメール』の一面にアンドリュース製薬の胃薬の大きな広告が掲載された。そこにはお皿に入った薬を床にこぼして途方にくれる少年の写真が載っていたのである。

ハリー・プライスは製造元に問い合わせ、その広告は5月まで関係者以外の目には触れていなかったことを確認した。また、『デ

上の写真：**霊媒ステラ・C**

左の写真：**超能力研究者のハリー・プライス**

イリーメール』紙に確認したところ少年の写真を受け取ったのは広告掲載日の3週間前（4月28日）であることがわかった。この一件には予知能力が関与していたのだろうか？　残念ながらハリー・プライスの証言だけでは確かなことは言えない。というのは、彼には過去に実験データを改ざんした前科があるからだ。よってこの件から有益な結論を引き出す前に、そのときの交霊会の様子を詳しく調べる必要がありそうだ。

超能力者の予言がすべてステラ・Cのよう当たるかというとそうではない。エドガー・ケイシーの予言の多くは曖昧で、（幸いなことに）外れたものも多い。例えば、1958年から98年に激しい地殻変動が起こり、災害が起きるという予言——具体的には、カリフォルニア州での超大型地震、ニューヨークや日本の沈没、1998年北極と南極の移動が原因で各地に起きる大災害——はみな外れた。だが、暗い予言ばかりではない。ケイシーによると自然災害を生き延びた人々は以前よりも高いレベルでの存在が約束されるという。

また、ケイシーは1968年か69年にアトランティスが再び海底から姿を現すと予言した。場所はバハマ諸島の西端にあるビミニ島。実際その付近で1968年から69年にかけて奇妙な海底建造物が発見された。そこはまさにケイシーが予言したとおりの場所だった。動物学者のマンソン・バレンタイン博士と海底カメラマンのディミトリ・レビコフは通称“ビミニ道路”の場所を探し当てた。それは巨石（中には75トン以上の巨石もある）を敷き詰めた海底道路でビミニ島の北西端の浅瀬で発見された。しかし、1980年に米国地質調査所のユージン・シンが、巨石は自然の作用によって海底に堆積したものであるという調査結果を発表すると、“ビミニ道路”の存在はいつしか忘れ去られていった。

予知能力に関する最も有名な事例が、1912年4月に起きた当時“不沈船”と呼ばれた大型客船タイタニックの沈没だ。1892年ウィリアム・トーマス・ステッドは北大西洋での大型客船の沈没を予言したフィクションを発表した。これについては後の章であらためて取り上げる（自動書記、p.97を参

左の写真：**エドガー・ケイシー。米国のサイキックヒーラー。**

左の絵：
**“タイタニックの沈没”（1912）。ウィリー・ストゥヴァー作。**

照）が、実はこの大惨事を予言したのは彼だけではなかった。

1898年、モーガン・ロバートソンは小説『フューティリティー』を発表した。この中で、大型の“不沈船”が4月に北大西洋で氷山と衝突して沈没し、多くの乗客が命を落とす場面が登場する。船の名前はタイタンだ。よく見るとタイタンとタイタニックには驚くほど共通点がある。ともに客室は水密隔壁を持つ構造になっていたために“不沈船”とされていた。悲劇が襲ったとき、タイタンは速度25ノットで航海中（タイタニックは23ノット）で、救命ボートの数はわずか24艇（タイタニックは20艇）、船体の長さは240m（タイタニックは270m）、そして最大収容人数は3,000人（タイタニックも同じ）であった。さらに、両船ともスクリューの数は3つ、帆柱は2つだった。

2つの船がこれほどそっくりなのはなぜだろうか？　考えられる理由はただ一つ。作者のモーガン・ロバートソンはタイタニックの悲劇を予知していたからだ、というのが大方の見方だ。これに対して懐疑論者は次のように反論する。まず、名前がそっくりなのは単なる偶然で、19世紀後半は古代神話ブームで巨大な大型客船をタイタンと名づけることはよくあったという。ちなみにタイタンとは巨人の神族の一つで、ギリシャ神話に登場するオリュンポス親族に幽閉される以前に権力を振るったとされる。また、モーガン・ロバートソンは船のことにかなり詳しく、キャビンボーイとして幾度となく航海に出た経験があるほか、10年間商船の船乗りをしていた点を挙げる。さらに、20世紀初頭は、北大西洋で氷山と船の衝突事故が相次いだ時期であり、とくに氷山が南下する春先は事故が多発した点も指摘する。

とはいうものの、沈没したタイタニックと小説に描かれたタイタンとの間にはあまりにも類似点が多いことから、タイタニックの悲劇は予知されていた、いまでも多くの人々は信じている。

**下記も参照**
**自動書記　p.97-102**
**予知　p.49-54**

# 逆行認知

“逆行認知（または過去知）”とは、本や映画などを通しては絶対知り得なかったはずの過去の出来事やシーンを認知できる能力のことである。逆行認知という用語は心霊研究協会の設立メンバーであるフレデリック・ウィリアム・マイヤーズ（1842-1901）の造語だ。また、逆行認知は“タイムスリップ”とも密接な関係がある。タイムスリップとは通常の時間の流れから逸脱し過去や未来のシーンを目撃する現象をいう。

エリオット・オドネル著『Haunted Britain（英国幽霊物語）』（1948）には逆行認知に関する面白い話が登場する。主人公は二人の女性。イングランド南西部の荒涼とした湿地帯ダートムーアの北東端にあるチャグフォードで休暇を過ごしていたときの話だ。

ある夏の日の午後、二人は散歩に出かけた。2時間ほど歩くと、絵に描いたように美しい2軒のコテージが目に入った。二人は一目でこのコテージが気に入り、貸し部屋がないか尋ねてみることにした。ドアをノックすると応対に出てきたのはブロンドの美しい髪の少女だった。「どうぞ中にお入りください。いま母を呼んで参りますので」。そう言い残すと少女は奥に消えた。二人は母親が現れるのを待つ間、部屋の中を見渡した。妙に古めかしい内装と鳥かごの中の見

F・W・Hマイヤーズ。
哲学者・作家・超能力研究者

1951年に二人の女性が聞いた大きな音は、1942年に起きたディエップでの戦いの爆撃音だったという。

慣れない黒い鳥が目についた。しばらくすると少女の母親とおぼしき女性が現れた。背が高く、どことなく暗い感じがしたが、魅力的な女性であることにかわりはなかった。彼女は遠くを見つめるような目で、残念ながら今は空きはないと二人に告げた。しかたなくコテージをあとにした二人は、翌年もう一度その場所を訪ねてみることにした。ところがどんなに探しても見つからない。場所は間違いない、たしかにここにあったはずだ……。だが、さらに詳しく調べてみると、そのようなコテージはもともとなかったことがわかったのだ。これは逆行認知の事例だろうか？それとも二人が見たものは幽霊だったのだろうか？

もう一つ逆行認知に関する興味深い話がある。これは純粋に音だけを経験した例だ。1951年、二人の英国人女性がフランスのディエップの近くで休暇を過ごしていた。ある日の早朝、二人は悲鳴、怒鳴り声、銃声を耳にした。しばらくすると音はやんだが、またすぐに始まった。こんどははっきりと何の音かわかった。戦争で使用される急降下爆撃機の轟音だったのである。その後の調査で、女性たちがこの音を聞いた時刻は1942年8月、連合軍がディエップを襲撃し激しい戦闘が繰り広げられた時刻とほぼ一致することが判明した。しかし、この音を聞いたのは二人だけだ。また、どんな音だったかを客観的に再現する方法がないことから、当時付近で作業中だった浚渫機《しゅんせつき》の音を第2次世界大戦中の戦場の音と勘違いしたのではないかという説もある。

1979年、英国のテレビ番組『ストレンジ・バット・トゥルー』で放映された逆行認知に関するエピソードは大きな反響を呼んだ。1979年10月、二組の英国人夫婦がフランスとスペインを車で一緒に旅行したときの話だ。彼らはある日フランス南部のモンテリマールにあるローヌ渓谷付近で古びた小さなホテルに泊まった。そのホテルには電話、テレビ、エレベーターがなく、ドアの鍵も木製の掛け金であった。また、ベッドに枕はなく、窓ガラスの代わりに木製の雨戸が備え付けられていた。さらに、ホテルの従業員や警官の服装は妙に古めかしかった。そして翌朝、フロントで支払をしようとして彼らは驚いた。なんと食事代込みで一泊たったの数フランだったのだ。

それから2週間後、スペインを旅行した帰り道、彼らはもう一度この奇妙なホテルに立ち寄ってみることにした。ところが、同じ道を引き返してきたのに、どうしてもホテルが見つからない。あきらめて英国へ帰ってから、さらにサプライズが待っていた。旅行中の写真を現像してみると、あのホテルで撮った写真が全部消えてなくなっていたのだ……。なんとも奇

ガードナー・マーフィー。
米国の心理学者・超能力研究者

妙な話で興味をそそられるが、にわかに信じがたい話である。なぜなら、夫婦が会ったというホテルの支配人、スタッフ、それに警官が、当時では“未来の”乗り物であったはずの車や、70年代のフランスの通貨を見てもとくに驚かなかったというのは、どう考えても腑に落ちないからだ。

1990年代、英国リヴァプールのボールド・ストリートを舞台に逆行認知の事例が数多く報告された。この通りを歩いていると突然過去にタイムスリップしたというのである。目撃者によると、古い店が軒を連ねる石畳の通りを1940年代の服を着た人々が闊歩していたという。目撃者の中には一般市民のほか非番の警官も含まれていた。

こうした事例から、逆行認知は日常生活である日突然経験することが多いといえそうだ。その一方で、一般の人が夢の中で逆行認知を経験した事例や、超心理学の実験中に超能力者が経験した事例も報告されている。逆行認知では通常ビジョンを経験する（懐疑論者はこれは幻覚だという)。現実世界が突然消え、目の前に過去の建物、風景、人々が姿を現す。また、逆行認知の直前に体がだるくなる、精神的に落ち込む、といった前兆を経験することもあるという（ p.64のベルサイユの事例を参照)。逆行認知に関して示唆に富む説を提唱したのが米国の心理学者ガードナー・マーフィー( 1890-1975)だ。彼によると、幽霊を見たという証言の多くは逆行認知だという。逆行認知を経験すると一時的に現在の時間軸から離れて過去のシーンを同時進行で見ることができるという。だから、逆行認知をしている人がもし過去の人々に目撃された場合、目撃された人は未来からやって来た幽霊と間違われるというのである。

残念ながら逆行認知を科学的に検証することは不可能だ。個人的な経験を客観的に知るすべがないからである。逆行認知とタイムスリップのメカニズムを説明する諸説の中には、目撃者は過去にトランスポートされたとか、過去へ通じる窓が開いたときたまたまその場所にいたために過去を垣間見ることができた、とする説もある。たしかに興味深い説だが、物理学の法則に反するこうした説は完全に推測の域を出ず、逆に謎は深まるばかりだ。また、逆行認知を経験できる人は限られていることが数々の証拠から見てとれる。例えばエレノア・ジョーダンなどは逆行認知を経験しやすいタイプのようだ。彼女は過去の“ビジョン”にきわめて敏感に反応する(p.64を参照)。もしそうなら、逆行認知は現実世界で起こるのではなく、人の心の内側でのみ起こる現象と考えたほうがよさそうだ。すなわち外部からの刺激に心が敏感に反応することで突然意識に何らかの変化が生じるのである。

# 診断

## 逆行認知診断テスト

**1. 逆行認知ができる人たちは世の中にどのくらいいるのか？**

ごく稀にしかいない。
記録に残っているのはほんの数名だ。

**2. この能力はどうすれば獲得できるのか？**

前触れなしにある日突然獲得できるようだ。

**3. 何か前兆は？**

とくに前兆はない。
超能力者の多くは逆行認知の能力も兼ね備えているようだ。

**4. 自分にも逆行認知の能力があるかどうかはどうすればわかるのか？**

自分が全く知らなかった過去の出来事について同じ夢を見続けたら、能力が備わっていると考えられる。

**5. 用意するものは？**

想像力さえあれば十分だ。

**6. 何か気を付ける点は？**

とくにない。

# テスト

## 夢日記をつける

逆行認知の能力をテストするのは不可能に近い。だが、遠い過去の記憶が夢の中でよみがえることもある。

そこで、夢日記をつけてみるのも一つの方法である。

**[1]**　朝、目覚めたときに前の晩に見た夢を書き留めておく。どんな些細なことでもすべて書き出す。

**[2]**　これを毎日続ける（例えば、１週間とか１か月間）。

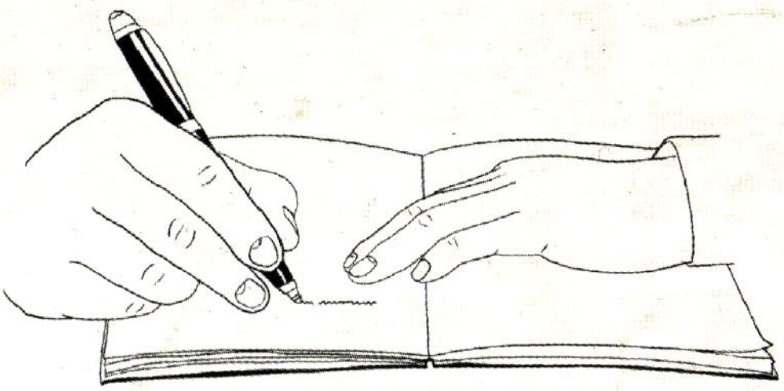

**[3]**　定期的に日記の内容に目を通す。過去の人、場所、出来事で何度も繰り返し出てくるものはないかチェックする。夢の中に自分が登場したかどうかも記録しておこう。

**[4]**　日記が埋まってきたら頃合いを見て、どの時代の夢を見ていたのか調べてみよう。歴史上の人物や出来事は夢に出てきたか？　夢の中でしか知り得なかったこと、夢の中で初めて知ったことはあるだろうか？　もしあればそれは逆行認知を経験した証拠だ。

夢日記とは夢を記録したものだ。心理学者によると、われわれは夢を見てもどんな夢だったかすぐに忘れてしまう。だから日記をつけることで思い出しやすくなり、繰り返し夢に出てくる事柄にも気づきやすくなる。夢日記は夢を解釈するための有効なツールである。日記をつけることで夢を理解するだけでなく、自身の内なる知識へアクセスすることができるからだ。従来はノートに書いたり、録音装置を使って夢を記録する方法が主流であったが、最近はインターネット上で夢日記をつける人も増えている。

## 事例研究

# ベルサイユ宮殿への タイムスリップ

上の写真：**エレノア・ジョーダン**

逆行認知の事例で物議をかもした人物といえば、シャーロット・モバリー（1846-1937）とエレノア・ジョーダン（1863-1924）だ。モバリーは英国オックスフォードにあるセント・ヒューズカレッジの校長、ジョーダンは副校長であった。1901年のある夏の日の午後、二人は奇妙な体験をした。パリ郊外にあるベルサイユ宮殿を散策していた二人は、敷地内にあるプティ・トリアノンに行ってみることにした。プティ・トリアノンとはマリー・アントワネットの離宮である。ところが、散策するうちに急にあたりの空気がおもたくなるのを感じた。そしてしばらくすると18世紀後半の衣装に身を包んだ人々を目にしたのである。また、離宮内で目にした景色や建物はいかにも古めかしい感じがした――。それは1789年当時（フランス革命の暴徒が宮殿に侵入した年）の光景だったに違いないと二人は思った。その後フランス革命の歴史を調べていくうちに、あの日自分たちが目にしたのは1789年の光景で、ルイ16世やマリー・アントワネット（1755-93）に仕えていた宮廷貴族、さらには伝説の女王マリー・アントワネット本人にも出会ったことを確信したという。そして1911年、ようやくモバリーとジョーダンはこの時の体験を綴った『An Adventure（邦訳：ベルサイユ・幽霊の謎）』を出版した。著者名にはエリザベス・モリソン、フランシス・ラモントというペンネームが使われている。ところがこの本が出版されて以来、大きな論争が巻き起こった。というのは、ベルサイユ宮殿の歴史に関して全く知識のない二人が、いったいどうやって1789年当時の宮殿内の様子や建物の配置を知り得たのかという疑問が噴出したからだ。

左の写真：**シャーロット・モバリー**

この点に関して、フランスの作家フィリップ・ジュリアンは著書『Prince of Aethetes: Count Robert De Montesquiou 1855-1921』（1965）である説を唱えている。それによると、モバリーとジョーダンが散策中に出くわしたのは、フランスの貴族・詩人のロベール・ド・モンテスキュー・

二人の女性がタイムスリップした
ベルサイユ宮殿の庭

フザンサック伯爵だという。モンテスキューは彼女たちがベルサイユを訪れたときそこに住んでいた。彼はよく友人たちを宮殿の敷地に招いては仮装パーティーを催した。時代がかった衣装を身にまとってタブロー・ヴィヴァン（活人画）に興じ、昔の絵画、彫刻、歴史的事件を再現して見せたという。しかし、モバリーとジョーダンが目にしたものはフランスの頽廃的なアヴァンギャルドによる仮装パーティーだったというのは本当だろうか？仮にこの説が正しいとしても、では彼女たちが目撃したという景色は一体何だったのかという疑問が残る。さらに、ベルサイユ宮殿を訪れたその日にモンテスキューと友人たちも同じ場所にいたという証拠もない。

一方、心霊研究協会のW・H・ソルターら懐疑論者の指摘によると、『An Adventure』の中のベルサイユ宮殿の一件に関する記述の大部分は、実はそれからずっと後の1906年に執筆されたもので、その間二人はベルサイユ宮殿の歴史を丹念に調べていたというのだ。この指摘が持つ意味は大きい。なぜなら二人は1901年当時、フランス革命の頃のベルサイユ宮殿の歴史についてまったく知らない、だから宮殿内の様子を正確に描写することなどできるわけがない、と主張していたからである。

また、英国心霊研究協会の有力メンバー、エレノア・シジウィックも1911年の書評で『An Adventure』はただの作り話であると述べている。教育者ともあろう二人が話をでっち上げたとは考えにくいが、ベルサイユ宮殿の敷地内を散策中、疲れて道に迷った二人の脳裏に、以前どこかで見聞きした“在りし日のベルサイユ”が浮かび、それを逆行認知と勘違いしたという可能性は考えられなくもない。さらに、エレノア・ジョーダンが1902年オックスフォードで何度も逆行認知を経験したと証言している点も重要だ。いずれにしても、モバリーとジョーダンは1901年のあの日の出来事は本当だったと終生信じて疑わなかったことだけは間違いない。

下記も参照
逆行認知　p.59-63
クレアボヤンス　p.37-44

第六感

# 霊媒術

人間の魂は肉体が滅んでも生き続けるというのが心霊主義の思想である。“霊媒”は交霊会で、生者と“死者の魂”との間を取り持つ存在である。霊媒には “心理的霊媒 “と“物理的霊媒” の2種類がある。心理的霊媒は自らの精神と体を通して死者の魂と交わる。物理的霊媒はラップ現象、霊の声、サイコキネシス、幽霊の出現など“超常”現象を起こす。そのような現象を起こすパワーの源は“心霊エネルギー”を操る霊媒体質にあるとされている。また、ビクトリア朝の交霊会では“エクトプラズム（霊媒から発する心霊体）”が様々な超常現象を起こしたとされる。

サウル王とエンドルの魔女を描いた版画。

霊媒を通じた霊界との交信は古代から行われてきた。例えば、トランス状態の巫女が行った古代ギリシャのデルポイの神託は有名だ（紀元前6世紀から4世紀頃に広まった）。旧約聖書のサムエル記にはエンドルの魔女が預言者サムエルの魂を招き寄せ、戦《いくさ》に備えるヘブライのサウル王の質問に答えさせたと記されている。

霊媒術が広まったのは19世紀半ばから後半で、欧米で心霊主義運動が盛んだった時期と一致する。霊媒は世界に何千人もいるといわれるが、著名な霊媒はほんの一握りだ。そのうちの

一人スコットランドのダニエル・ダングラス・ホーム（1833-1886）は、空中浮揚、サイコキネシス、遠隔地からの楽器演奏など、驚くべき超能力を発揮したとされる。一方、イタリアの霊媒エウサピア・パラディーノ（1854-1918）も数々の超常現象を引き起こした。例えば、重たいテーブルやソファを空中に浮揚させたり、部屋の温度を急に低下させたり、人間の手足のような物を物質化したり、念力で遠くの物を引き寄せたりすることができたという。しかし、偽装を

左の写真：ダニエル・ダングラス・ホームが主催した交霊会にはビクトリア朝の著名人がこぞって参加した。

# 交霊界での超常現象

19世紀後半から20世紀、交霊会は薄暗い部屋で行われるのが常だったが、現代では明るい部屋で行われることもある。交霊会では参加者がテーブルを囲んで座り、手をつないで歌ったり、静かな音楽に耳を傾ける。照明を落とした部屋や音楽は招魂を促す効果があるとされる。だが、見方を変えればこれは詐欺を演出するのに格好の条件だと懐疑論者はいう。霊媒の多くは女性で、トランス状態に入ると“精霊”のガイドが霊媒を通して参加者と交信を始める。一方、“物理的霊媒”が催す交霊会では以下のような現象がたびたび目撃されている。

## テーブルをたたく音

テーブルをトントンたたく大きな音や得体の知れない音が聞こえる。これは霊が参加者と交信しようとしているシグナルとされる。

## かたむくテーブル

テーブルが勝手に動いたり、空中に浮かんだり、部屋のあちこちにぶち当たる。

## 空中浮揚

テーブル、ピアノ、椅子などが空中に浮かぶ。

## 冷たい風

冷たい微風が吹いたり、部屋の

暴かれたことが何度かあった。また、英国のフローレンス・クック（p.73を参照）は大勢の目の前で霊の姿を物質化・可視化してみせた最初の霊媒といわれる。だが、彼女と“支配霊”ケティ・キングが開いた交霊会での出来事については今日もなおその真偽が取り沙汰されている。

その後米国のダベンポート兄弟やバングス姉妹らのトリックが暴かれたことで霊媒の評判は地に落ちた。20世紀に入ると物理的霊媒は下火になり、

右の写真：1898年、フランスの天文学者カミーユ・フラマリオンの自宅にエウサピア・パラディーノを招いて開いた交霊会。

温度が急に下がる。

### 幽霊が奏でる音楽

見えざる手によって無人の楽器演奏が始まる。

### 幽霊の声

幽霊のささやき声が聞こえる。

### 光の現象

部屋の中に突然光が射す。

### アポート

交霊会の場に突然物体が現れる現象。またはそのようにして現れた物。花が多いが、参加者個人の持ち物、例えば指輪やイニシャル入りのハンカチが現れたという記録もある。

### エクトプラズム

霊媒から放出される灰色の粘り気のある物質。吐き出された物質は人間の手足の形を取ることもある。またエクトプラズムによって完全に物質化した霊が交霊会の会場を自由に歩き回る姿が目撃されることもある。

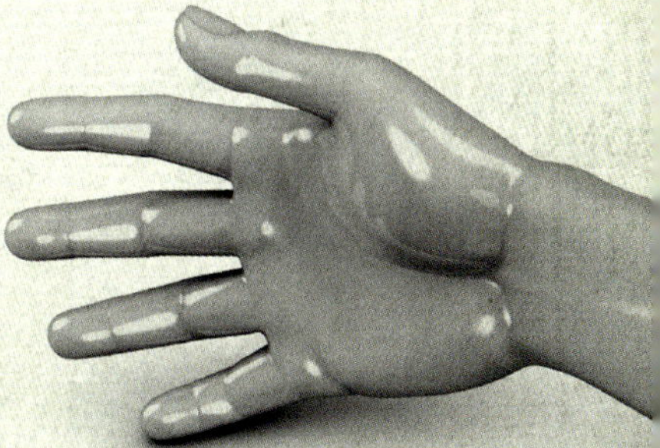

### 霊の物質化

物質化した霊体や頭、手足、腕などが姿を現すこと。こうした霊体はエクトプラズムから形成される場合もある。

ホームやパラディーノに代表されるビクトリア朝の超能力“スター”は姿を消した。しかし、現代にも死者の魂と交信する霊媒はいる。1970年代から80年代、ロンドン生まれのドリス・ストークス（1920-1987）は大勢の聴衆が見守る中、舞台やテレビでたびたび“交霊”。霊媒としては初めて、かの有名なロンドンパラディウムで交霊会を催し、そのときのチケットは2時間で完売した。

上の写真：ドリス・ストークス。
1980年代の超常現象ブームの到来に一役買った。

米国の霊能者・作家で“超能力捜査官”のシルビア・ブラウン（1936年生まれ）は大きな事件の裁判に関わった。彼女は行方不明者の捜索や殺人事件の捜査で警察に協力したとしているが、警察はこれを否定している。また、外れた透視を巡ってたびたび物議をかもした。

上の写真：ダベンポート兄弟。1800年代後半、
米国でマジシャンとして活躍した。

心霊主義運動の黄金期とは対照的に、現代の霊媒や交霊会は堅実で地味な活動が持ち味だ。例えば、1872年に創設された英国心霊主義者協会（SAGB）のロンドン本部では霊媒に相談したい人は専属の霊媒に事前に予約するよう求められる。また、同協会でのピプノセラピーと前世療法の受付は予約のみとなっている。

# 診断

## 霊媒能力診断テスト

### 1. 霊媒は世の中にどのくらいいるのか？

心霊主義が盛んだった19世紀後半、少なくとも数百人はいたと見られる。だが、現在ではかなり減っている。

### 2. この能力はどうすれば獲得できるのか？

生得的な能力だと多くの霊媒は言う。

### 3. 何か前兆は？

自宅でポルターガイスト現象が起きることがある。
また、霊媒の中にはサイコキネシスなどの超能力を併せ持つ者もいる。

### 4. 自分が霊媒体質かどうかはどうすればわかるのか？

近くにある物が突然動いたり、死者と交信できると感じることがあれば、霊媒体質の可能性はある。

### 5. 用意するものは？

とくにない。とにかく集中力が大事である。

### 6. 何か気を付ける点は？

集中して神経を使うので疲労感を伴う。
テスト終了後は自分自身に意識を向け、精神と霊性のバランスを取ることが大事だ。

# テスト

## 霊媒術テスト

**[1]**　友人に頼んでテストに協力してくれる人を1人探してもらう。ただし、協力者はあなたにとってまったく面識のない人であることが条件だ。

**[2]**　また、この協力者に何かユニークな点があることも大事な条件である。仕事や趣味など何でもかまわない。テストに立ち会う友人は協力者のユニークな点をメモしておく。

**[3]**　あなたは協力者と向かい合って座る。友人はそばでメモを取る。

**[4]**　リラックスして、目の前にいる協力者に意識を向ける。そしてその人のユニークな点を推測する。

**[5]**　あわてる必要はない。何かイメージや言葉が浮かんだら、大きな声で言ってみよう。あるいはユニークな点を連想させるイメージや言葉の羅列でもかまわない。この間、友人はあなたの発言をすべてメモする。

**[6]**　数分後、友人のメモと実際のユニークな点を比べ、どの程度当たっていたかチェックする。

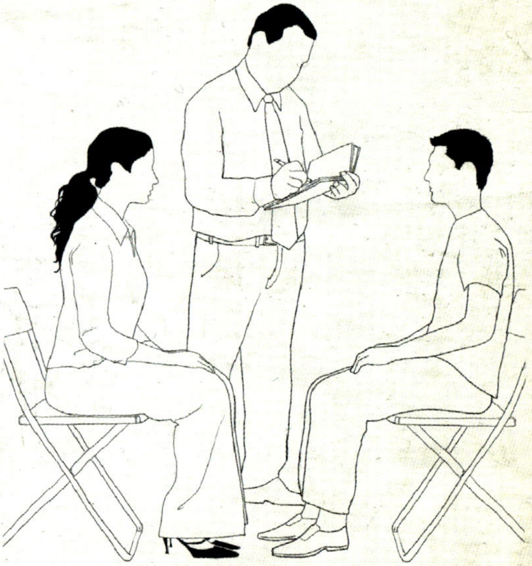

### スピリットキャビネット

スピリットキャビネットは木製の、またはカーテンで仕切られたクローゼットで、霊媒の作業場であると同時に、聴衆と霊媒を仕切る役目もある。心霊主義最盛期に物理的霊媒が交霊会の場で用いた。参加者の目の前で不思議な現象が起きている間、霊媒は手足を縛られた状態でこのクローゼットの中でじっとしていたという。

事例研究

# フローレンス・クック

19世紀の霊媒フローレンス・クックと彼女の支配霊ケティ・キングの話は未だに議論の的である。子どもの頃から超能力者であったクックは大勢の前でケティ・キングの霊を物質化したとされる。また、著名な科学者ウィリアム・クルックスはクックの超能力を科学的に研究した。このようなことから彼女はビクトリア朝時代を代表する霊媒となるはずだった。ところが、懐疑論者はクックの"超能力"とクルックスの実験方法に大きな疑問符を突きつけたのである。

フローレンス・クックは1856年6月3日、イーストロンドンのハクニーに暮らす比較的裕福な労働者階級の家に生まれた。14歳のとき家族の前でトランス状態に陥るようになり、自宅や友人宅で開いた交霊会で次第に才能を開花させていった。

その後ダルストンにある心霊主義研究会主催の交霊会に参加するようになり、そこでさらに名を上げていった。1872年の夏、浮遊霊ケティ・キングの顔が最初に目撃されたのもこの場所だ。ケティ・キングの名は心霊主義者の間ではすでに知られていたが、その名が世間に知れわたったのは1850年代初期の米国心霊主義黎明期にダベンポート兄弟やクーンズ家らと開いた交霊会の場であった。ケティ・キングは、ウェールズの海賊ヘンリー・オーエン・モーガン（1635-1688）（別名ジョン・キング）の娘アニー・オーエン・モーガンの霊とされる。22歳で夭折したアニー・モーガンは前世で殺人などの犯罪に手を染めたが、霊界の真理を伝えることで自分のおかした罪の償いをしようと現世に舞い戻ったという。

交霊会ではまずクックがスピリットキャビネット（p.72を参照）の中に入る。30分ほどすると、裾が垂れた白いローブに身を包んだ顔面蒼白のケティ・キングがカーテンの陰から現れる。会場を歩き回り、参加者は彼女に触ることもできる。この間クックはスピリットキャビネットの中で意識を失って横たわっている。

ある日、フローレンスの評判を聞きつけたチャールズ・ブラックバーンというマンチェスターの実業家が彼女に経済的援助を申し出た。これまで交霊会は無料で行ってきたので彼女にとってこの

## フローレンス・クック

援助はありがたかった。おかげで、いつでも霊媒術を見せることができるようになったからだ。

しかし、1873年12月9日の夜、霊媒としての名声を大きく傷つける事件が起きた。交霊会に参加していた心霊主義者で研究者のウィリアム・ボルクマンという人物が、白いローブをまとって会場を歩き回るケティ・キングの霊を観察しているうちに、フローレンス・クックにそっくりであることに気づいた。偽装ではないかと疑ったボルクマンは突然席から立ち上がり、いきなりケティ・キングを引っつかんだのだ。会場は騒然となり、3人の参加者がボルクマンを取り押さえた。ボルクマンは鼻に傷を負い、あごひげの一部がちぎれた。ケティ・キングはスピリットキャビネットにあわてて避難した。

会場全体が落ち着きを取り戻し、参加者がスピリットキャビネットのカーテンを開けてみると、そこにはひどく動揺したフローレンスの姿があった。しかし、交霊会が始まるときに着ていた黒のドレスとブーツはそのままで、一糸乱れぬ服装のまま椅子に縛り付けられていた。また、紐の結び目を固くしばるのに用いた参加者の一人ケイスネス伯爵の認印付き指輪ももとのままであった。さらに、ケティ・キングが着ていた白いローブを探したがどこにも見つからなかった。

科学者の中で心霊現象研究の第一人者といえばウィリアム・クルックス（1832-1919）だ。準男爵の称号を持つクルックスは英国の化学者・物理学者で、タリウムを発見したことで知られる。クルックスはロンドンのモーニングトンにある自宅にフローレンス・クックを招いて交霊会を開き数々の実験を行った。自宅であれば思うように条件をコントロールできると考えたのだ。フローレンスはクルックス夫妻の自宅に滞在することもよくあり、母親と妹のケイトを連れてやってくることもあった。

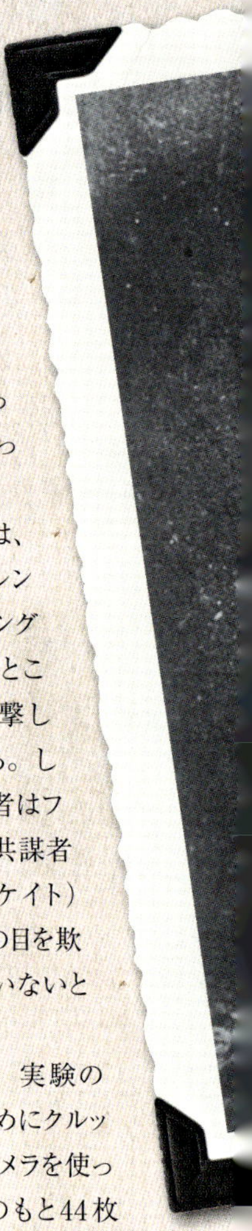

クルックスは、実験中フローレンスとケティ・キングが一緒にいるところを何度も目撃したと語っている。しかし、懐疑論者はフローレンスには共謀者（たぶん妹のケイト）がいて、周囲の目を欺いていたに違いないとみている。

1874年5月、実験の記録を残すためにクルックスは5台のカメラを使って人工照明のもと44枚の“心霊写真”を撮影した。彼によると、そのうちの何枚かは“きれいに撮れている”という。しかし現存するどの写真を見てもフローレンス・クックとケティ・キングが一緒に写っているようには見えない。実際のところ、両者の外見が似ていることから、この写真を真に受ける心霊研究者はいない。それどころかこれらの写真はフローレンス・クックとケティ・キングは同一人物で、すべては偽装であることを示していると多くの心霊研究者は言う。

写真が撮られてまもなく、ケティ・キングはフローレンスの交霊会に現れなくなった。しかし支配霊が消えた後も、フローレンスは霊媒としての活動をつづけた。1880年1月のある交霊会では“マリー”という名の霊を自分で演じているところを見つかってしまった。ただしこの件に関しては、彼女は“夢中歩行”していたのだという説もある。結局、巧妙な奇術師であるフローレンス・クックがまんまと周囲の目を欺いてきた、というのが懐疑論者の結論だ。フローレンス・クックの事例は、死後の世界への憧憬が、科学者の批判的な目さえも曇らせてしまった典型的な例といえる。

**トランス状態に陥ったフローレンス・クック。背後に霊の姿が見える。ウィリアム・クルックスが自宅の交霊会で撮影した写真。**

**下記も参照**

超感覚的知覚（ESP） p.17-21
チャネリング p.77-81

# チャネリング

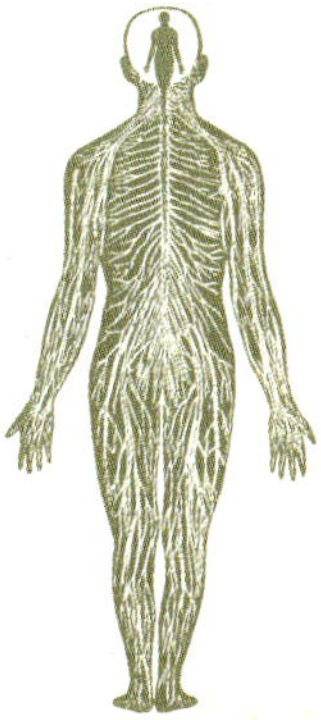

チャネリングとはニューエイジの用語で、霊的存在や地球外生命体がチャネラーの精神と体を介してメッセージや予言を伝えることをいう。米国では霊媒という言葉の代わりにチャネラーが用いられる。チャネラーの中には、霊媒と同様、わざとトランス状態に陥り、“霊的存在”に自分の体を支配させる者もいる。このような場合、チャネラーの精神と体を完全に支配した霊的存在は、チャネラーのふだんの声とは異なる声でメッセージを伝える。米国のチャネラーJ・Z・ナイトなどはこのタイプだ。一方、精霊のガイドから直接テレパシーでメッセージを受けとるチャネラーもいる。

霊と交信するために用いられるウィジャ盤。

米国を中心とする昨今のチャネリング・ブームの発端となったのは1972年に出版されたジェーン・ロバーツ、ロバート・F・バッツ著『Seth Speaks: The Eternal Validity of the Soul（邦訳：セスは語る―魂が永遠であるということ）』だ。ジェーン・ロバーツ（1929-1984）はニューヨーク生まれの作家・詩人・超能力者で1963年の暮れに人生の転機となる出来事を経験した。夫のロバート・F・バッツとウィジャ盤を試しているうちに、英国人教師の霊との交信が始まったのだ。その霊は最初フランク・ウィザーズと名乗ったが、後に“セス”と呼ばれるようになった。

氏名不詳のフランス人の公務員。
1908年頃ウィジャ盤を発明した人物とされる。

その後ジェーンはウィジャ盤をやめて、トランス状態でセスと交信を始めた。セスが語り始めると、傍らで夫のロバートがメッセージを記録していった。セスの話によると、彼は人間界について学ぶためアトランティス文明の頃も含めこれまで何度も人間界に転生したという。メッセージの多くは、無限意識などニューエイジに関する話題が中心でテーマは広範囲に及んだ。この時記録したメッセージは後年『The Seth Material（セスとのセッション集）』として出版された。『The Seth Material』は合計10巻にのぼり、ジェーン・ロバーツは超常現象の分野を代表する作家となった。なお『The Seth Material』の原稿、手記、録音テープなどは夫妻の手によってイェール大学図書館に寄贈された。

ジェーン・ロバーツと肩を並べる有名なチャネラーにJ・Z・ナイトがいる。1946年3月16日、ニューメキシコ州ロズウェルにジュディス・ダーレン・ハンプトンとして生まれた彼女は1977年のある日、ラムサと名乗る霊的存在とコンタクトした。ラムサは3万5000年前のレムリア大陸の戦士で、250万人の兵を率いてアトランティス軍と戦っていたとき、味方の裏切りにあって殺されたという。最初のコンタクトから2年間、ラムサは彼女の体を借りて様々な叡智や予言を世界中の人々に伝えた。

ナイトの話はにわかに信じがたかったが、それでもラムサは多くの信奉者を集めた。その中にはハリウッド女優シャーリー・マクレーンや『ダイナスティ』の主役リンダ・エバンスらがいる。ナイトはチャネリングで大金を稼ぎ、あっという間に金持ちになった。1人400ドルから1,000ドルもする週末のセミナーは大盛況だったという。しかしラムサの教えの中身はユング心理学、仏教、ヒンドゥー教、キリスト教の寄せ集めで、中世の英語をしわがれ声で話した。6度目の結婚をしたナイトは現在JZKという会社の社長を務め、ワシントン州のレーニア山の麓でラムサ啓明学園（Ramtha's School of Enlightenment）を経営している。ちなみにラムサという名前は商標登録されている。

1930年代、交霊会に参加中
ウィニペグのプール夫人が目撃したという
テーブルの空中浮揚。

一方、科学者はチャネリングに懐疑的だ。19世紀後半の霊媒が語った内容と同様、チャネリングによって得たメッセージの内容は陳腐でお粗末きわまりないと批判する。"霊的存在"は、金儲けのためにでっちあげたものだとは言わないまでも、チャネラーの人格が分裂したものである可能性が高いと主張する。"精霊のガイド"の出現は超常現象ではなく多重人格の症例として論じるべきものである、というのが科学者の意見だ。

# 診断

## チャネリング能力診断テスト

### 1. チャネリングができる人たちは世の中にどのくらいいるのか？

霊媒と同じように、
19世紀後半の心霊主義全盛期には
大勢いた。
現代ではJ・Z・ナイトなどのニューエイジ
世代のチャネラーが米国に大勢いる。

### 2. この能力はどうすれば獲得できるのか？

チャネラーの中には霊的存在から
この能力を授かったという者もいるし、
生まれつき備わっているという者もいる。

### 3. 何か前兆は？

誰かが自分と交信しようとしていると感じたとき。

### 4. 自分にもチャネラーの素質があるかどうかはどうすればわかるのか？

ウィジャ盤で良い結果が出たり、自分では
気づかなかった超能力に目覚めたとき。

### 5. 用意するものは？

ない。

### 6. 何か気を付ける点は？

精神的な疲労がもとで
肉体疲労を起こす場合がある。

# テスト

## 瞑想の訓練

　チャネリングが行われているかどうかを客観的にテストする方法はないが、チャネラーたちの話によると、チャネリングを成功させるカギは瞑想状態に入ることであるという。以下に瞑想状態に入るための簡単な方法を紹介する。

**[1]**　リラックスできる静かな場所を選ぶ。テレビ、パソコン、ラジオ、ステレオのスイッチを切る。音楽がないと落ち着かない人は、静かにリラックスできる曲を選ぶ。

**[2]**　楽な椅子に座る。背筋はピンと伸ばし、手は太腿のあたりにおく。リラックスしすぎて居眠りしないように注意しよう。

**[3]**　腕、脚から始めて徐々に体全体の力を抜く。

**[4]**　呼吸は意識的にゆっくり、深く、リズミカルに。

**[5]**　雑念を追い払う。頭の中が空っぽになり物音ひとつ聞こえなくなるまで心を落ち着かせる。

**[6]**　心が完全に落ち着いたら、しばらく沈黙の境地に浸ってもいいし、何か人生の目標を思い浮かべてそれについて瞑想するのも一案だ。

**[7]**　たとえ5分、10分でも毎日つづけること。要は生活の一部にしてしまうことが大事だ。

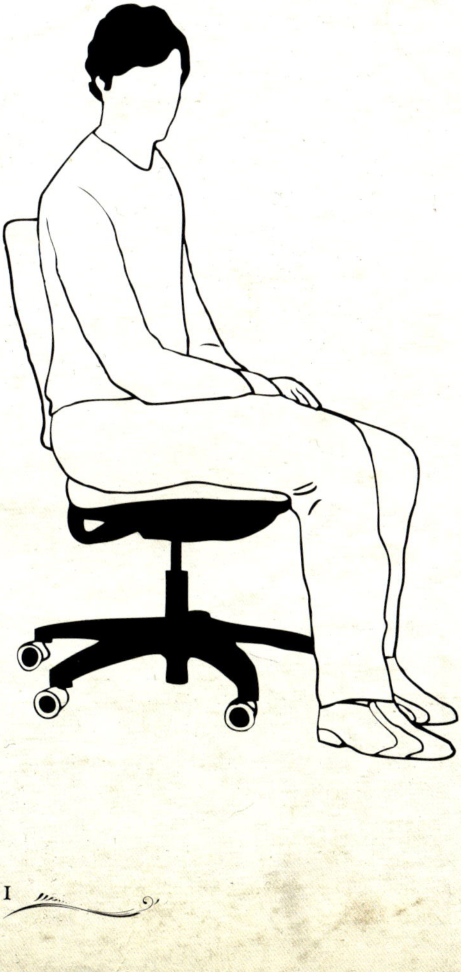

事例研究

# ドロシー・ルイーズ・イーディー

ドロシー・ルイーズ・イーディーは1904年1月、ロンドンの郊外に生まれた。彼女の話によると3歳のときに階段から落ちたが九死に一生を得て、それ以来たびたび同じ夢を見るようになったという。それは巨大な円柱がそびえる古代の神殿の中にいる夢だ。4歳の頃両親に連れられて大英博物館に行ったときのこと。エジプト展を見た彼女は突然懐かしさが胸にこみ上げてきた。館内を走り回っては彫像の足元にキスして回り、ガラスケースに入ったミイラの前でしゃがみ込んだまま動こうとしなかった。

それから3年経ったある日のこと、雑誌に載った1枚の写真にイーディーの目は釘づけになった。それはアビドスにあるセティ1世

左の絵：**1890年当時の大英博物館。エジプトギャラリーの様子を描いたスケッチ画。**

左の写真：**小さい頃イーディーは大英博物館の中を走り回り、古代エジプトの彫像や石棺の足元にキスした。**

の神殿だった。それはまぎれもなく何度も夢に出てきた神殿だった。彼女は昔その神殿に住んでいたことを父親に打ち明けた。しかしなぜ廃墟となり庭もなくなってしまったのか幼いイーディーには理解できなかった。10代の頃は明けても暮れてもエジプト学の研究に没頭した。大英博物館古代エジプト部門の責任者サー・アーネスト・ウォリス・バッジにも師事し、古代エジプト文字の読み方を学んだ。初めてエジプトの地を訪れたのはエジプト人留学生と結婚した29歳のときであった。その後エジプト考古学博物館初の女性職員となった。一児をもうけた彼女は息子をセティと名付けたが、エジプトでは女性をファーストネームで呼ぶ習慣がないため、イーディーは当時オンム・セティ（セティの母）と呼ばれていた。1956年に離婚。彼女はついに“故郷”のアビドスに戻り、1981に亡くなるまで小さな農家でひっそりと暮らした。

セティ1世（在位期間は紀元前1318-1304）が建立したアビドスの神殿でイーディーは日々祈りを捧げた。神殿に上がるときは靴を脱ぎ、古式にのっとって礼拝を行った。自動書記で

## ドロシー・ルイーズ・イーディー

夢日記をつけているうちに、自分の前世はセティ1世の頃アビドスの神殿に暮らしていたベントレシュトという女性神官であったことを発見した。

その頃の彼女の役割はアビドスの神殿で催されるエジプト神オシリスの死と復活を描く儀式で何らかの役割を演じることだったという。若き日のベントレシュトは神殿の庭でセティ1世と偶然出会い恋に落ちた。しかし二人の関係には悲劇的結末が待ち受けていた。逢瀬を重ねるうち妊娠したベントレシュトは王に迷惑をかけることを恐れ自害したのである。

エジプトに造詣が深いイーディーはアビドスで人気を集め皆から尊敬された。地元の人たちと積極的に交わり、遺跡を案内したり、論文を書いたり、古代エジプト人の魔術やヒーリングの秘儀を地元の人々に伝えた。なかでも特筆すべきは、チャネリングによって3000年以上も前の“記憶”をたどり、アビドス神殿での考古学的発見に寄与した点である。

かつてセティ1世の神殿には隣接した庭があったはずだというイーディーの主張は広く世間の耳目を集めた。古代エジプトの神殿にはたいてい庭があったが、イーディーはかつて庭があった場所をピンポイントで探し当てたのだ。また、北側には地下トンネルが走っていると予言。彼女の指摘が正しかったことはその後の発掘調査で確認された。さらに、セティ1世の神殿の地下には秘密の金庫があり、歴史的、宗教的に価値のある文献が眠っ

左の絵：エジプトのハトシェプスト神殿のフレスコ画。

下記も参照

チャネリング　p.77-81
自動書記　p.97-102

ていると予言したが、この件に関しては発掘調査の結果が待たれる。イーディーは波瀾万丈の人生を送った。エジプト学、古代エジプトの魔術、宗教儀礼に関する豊富な知識を持つ彼女はアビドスで一緒に仕事をした多くの人々——エジプト学者も含め——から尊敬を集めた。

　古代エジプトに関してあれほど深い知識と教養を身に付けるのは普通のやり方ではとうてい無理だと専門家は口をそろえる。彼女が自分の前世について語ったことが本当かどうかを確かめるすべはないが、自分は女性神官ベントレシュトのメッセージを世の中の人々に伝えている——。そう信じて疑わなかったことだけは確かである。

# オーラ診断

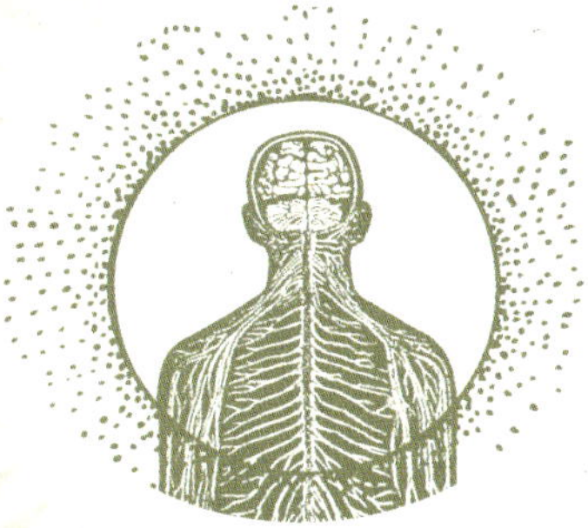

ニューエイジ信奉者、超能力者、神秘思想家の間では、オーラとはすべての生命体を取り囲む一種の生体エネルギー場であるとされている。“第三の眼”でオーラが見える人は、何色もの輝く光が、人や物の輪郭を縁取っているのが見えるという。聖なる光を連想させるオーラを説明する際には、キリスト教美術で描かれる聖人や天使の背後に見える栄冠や光輪が引き合いにだされることが多い。

人にはオーラがあるという考え方は大昔からある。中世の頃オーラは4種類あるとされていた。降臨した神の頭部から発する後光と光輪、全身から発する光背、そして前記2つを組み合わせた円光だ。

マシュー・マニング（p.22を参照）やエドガー・ケイシー（直観医療、p.114-119を参照）はオーラを“読み取る”ことで人の健康状態を判断した。例えば、明るく澄んだ色のオーラを放つ人は濁った色を放つ人よりも精神的、情緒的に安定しており、また、色によって精神状態や体調を判断できるというのだ。

光輪は聖人の象徴として
多くの宗教肖像画に描かれてきた。

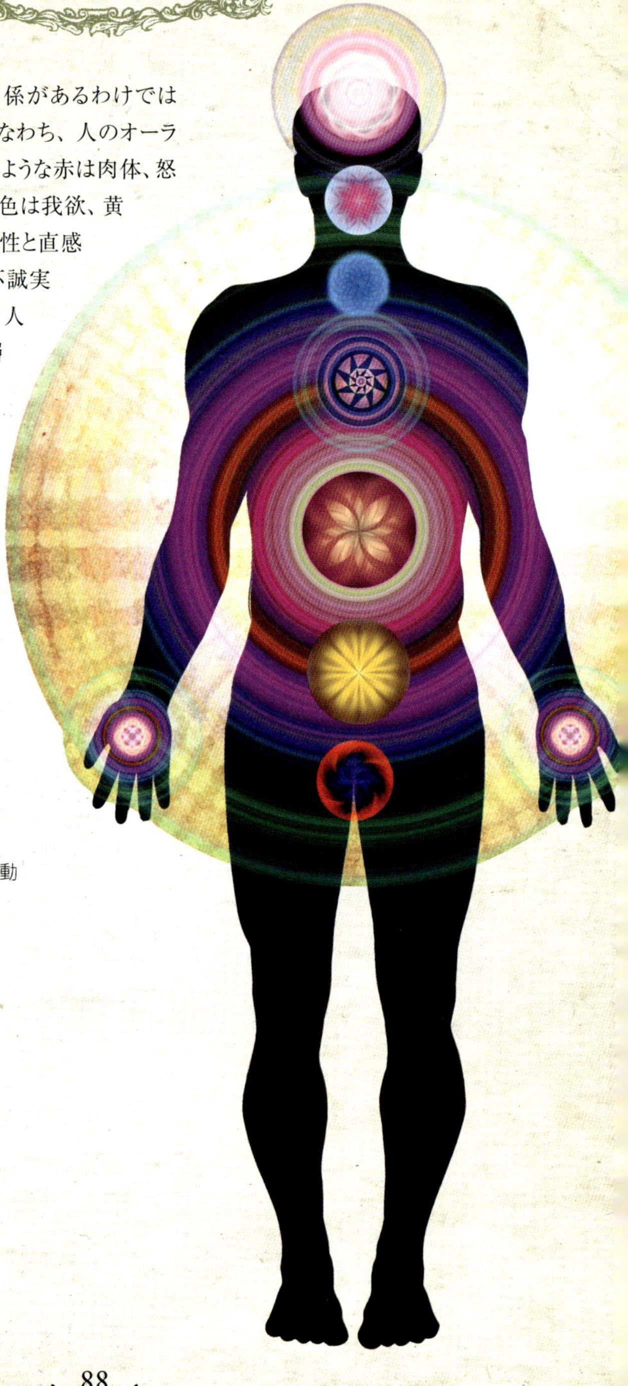

オーラの色と精神状態の間に明確な関係があるわけではないが、一般的には次のことがいえる。すなわち、人のオーラはたいてい単色か2色からなり、目の覚めるような赤は肉体、怒り、力を、濃い赤は情熱や官能を表す。茶色は我欲、黄色は幸福と高いレベルの知的活動、紫は霊性と直感を表す。青は宗教への帰依と霊性、緑は不誠実と嫉妬、そして深緑は共感を表す。また、人が亡くなる直前、オーラは白くなり輝きを一層増すといわれる。

## オーラの色が示すもの

目の覚めるような赤：
肉体、怒り、力

濃い赤：情熱と官能

茶：我欲

黄：幸福と高いレベルの知的活動

紫：霊性と直感

緑：不誠実と嫉妬

深緑：共感

真っ白：死ぬ直前

青：宗教への帰依と霊性

1840年代、化学者カール・フォン・ライヘンバッハ男爵（1788-1869）は霊媒と共同で実験を行った。実験に協力した霊媒の話では、病院のベッドに寝ている患者の体からは真っ赤な光が放たれ、新しいお墓の上方にはかすかな光の柱が見えるという。また、ライヘンバッハ男爵は磁石やクリスタルを用いた実験で不思議なオーラを発見。彼はそれを“オドパワー”と名付けた。

オーラを調べる実験で功績を残したのが、ロンドンの聖トマス病院で電気療法に携わっていたウォルター・ジョン・キルナー博士（1847-1920）だ。1911年、博士は人のオーラに関する研究成果を『The Human Atmosphere, or the Aura Made Visible by the Aid of Chemical Screens』という1冊の本にまとめた。その中で、オーラを見れば患者の健康状態や気分がわかると述べ、オーラを診察に採り入れることを提案した。また、博士は誰でも肉眼でオーラが見えるようにするための機器の開発にも携わった。

一方、懐疑論者は、人のオーラが見えるという自称超能力者に対して批判的だ。なぜなら、彼らの主張を裏付ける科学的証拠がまったくないからだ。確かに人体から弱い電磁気や音波が出ていることは知られているが、こうした現象をオーラという言葉でひとくくりにすることはできないというのだ。また、超能力者によって見えるオーラの形が異なる点もおかしいと指摘する。オーラが何層も見えるという者がいるかと思えば、層は一つだけしか見えない、あるいは部分的にしか見えないという者もいるからだ。

オドパワーという概念は
科学者から支持されなかった。

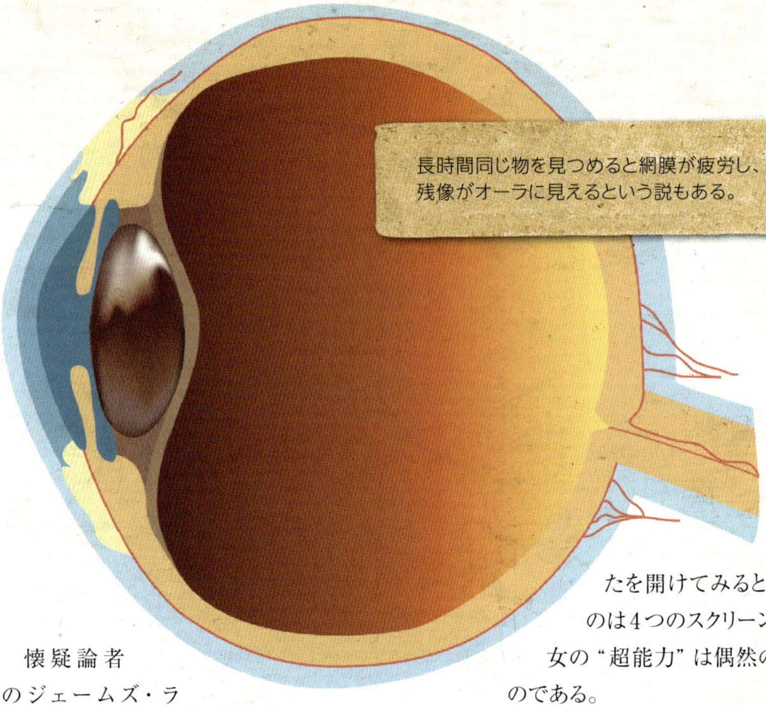

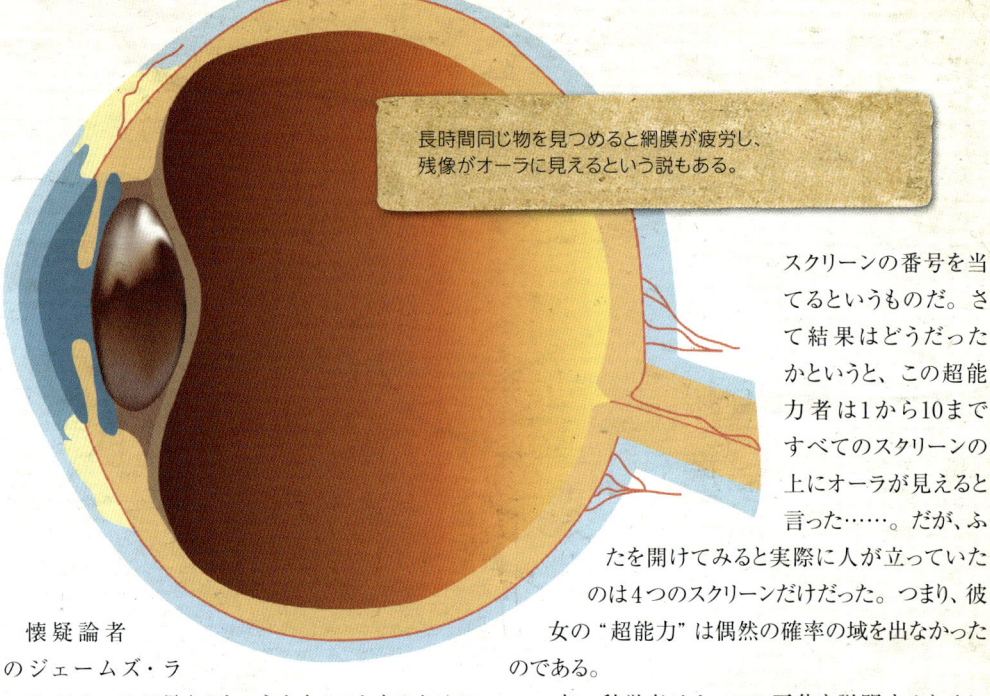

長時間同じ物を見つめると網膜が疲労し、
残像がオーラに見えるという説もある。

懐疑論者のジェームズ・ランディはオーラが見えるという人をテストするためにある実験を企画した。その実験でオーラが見えることを証明できた人には10万ドルの賞金を与えるというのだ。この実験の模様は米テレビ局の特番『Exploring Psychic Powers Live!』で1989年に放映された。実験の手順はこうだ。まずある女性超能力者が事前に10名のボランティアを選ぶ。彼女は全員のオーラをはっきり見分けることができるという。次にステージには1から10までの番号がついた小さなスクリーンが用意される。誰かが背後に立ったとき、その人のオーラが見えるように小さ目のものが準備されている。さてここからが本番である。10名のボランティアのうち何人かがスクリーンの背後に立つ。ただし、何人立つかは誰にも知らされていない。女性超能力者はオーラを見ることで、人が立っているスクリーンの番号を当てるというものだ。さて結果はどうだったかというと、この超能力者は1から10まですべてのスクリーンの上にオーラが見えると言った……。だが、ふたを開けてみると実際に人が立っていたのは4つのスクリーンだけだった。つまり、彼女の“超能力”は偶然の確率の域を出なかったのである。

一方、科学者はオーラの正体を説明するために様々な説を提唱してきた。そのうち最も単純明快な説によると、薄暗い部屋で白地を背景に何かを長時間眺めていると網膜が疲労するが、“オーラ”はこの網膜疲労が原因で見えるのだという。また別の説によると、脳内の“クロス・ワイヤリング”が原因で起こるとされる共感覚の理論を援用すれば、なぜ一部の人々だけにオーラが見えるのか説明がつくという。共感覚とはある刺激を受けたときに、本来の感覚に加えて他の感覚も生ずる現象をいう。例えば、ある音を聞いたときに何かの匂いがするとか、数字や文字を見た瞬間に色が目に浮かぶといった現象だ。共感覚者は200人に一人いるといわれる。したがってオーラが見えるという人たちの何パーセントかは共感覚者である可能性があるという。

# 診　断

## オーラ診断テスト

**1. オーラが見える人たちは世の中にどのくらいいるのか？**

記録が少なく、
ほんのわずかしかいないと思われる。

**2. この能力はどうすれば獲得できるのか？**

訓練によって見えるようになるという
超能力者もいる。

**3. 何か前兆は？**

人間、動物、物体の周囲がかすかに
光って見える。

**4. 自分にもオーラが見えるようになるかどうかはどうすればわかるのか？**

他人の感情が手に取るようにわかり、
特定の色に敏感に反応する人は
可能性がある。

**5. 用意するものは？**

ない。

**6. 何か気を付ける点は？**

とくにない。
オーラが見えるのは素晴らしいことだ。

# テスト

## オーラの見方

集中して少し練習すれば誰でもオーラは見えるようになると超能力者はいう。

**[1]** 気が散らないよう静かな場所と時間を選ぶ。

**[2]** このテストに協力してくれる人を一人見つける。喜んで協力してくれる、心の広い人が好ましい。

**[3]** 協力者は無地の白い背景を背にして立つ。

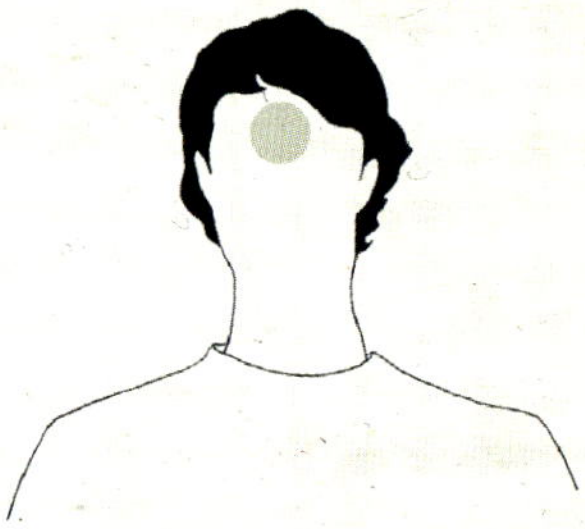

**[4]** あなたは協力者の額（いわゆる第三の眼）に30～60秒間意識を集中させる。よそ見しないこと。

**[5]** やがて協力者の後方が明るく輝き、背景の色とは別の色が見えてくる。それがその人のオーラだ。

**[6]** さらに集中して見ていると、輪郭がだんだんはっきりしてきて、複数の色が見えてくるはずだ。

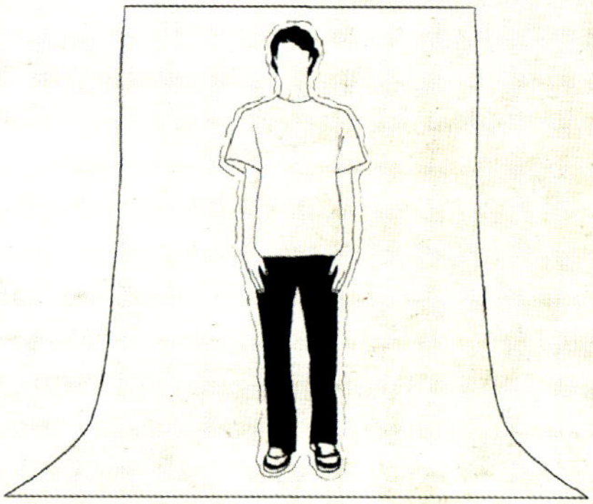

## 事例研究

# キルリアン写真

ロシア連邦南部の都市クラスノダールの病院の電気技師セミヨン・キルリアンは感光版に被写体を置きそこに高圧電流を流すと被写体の回りに色彩を帯びた光輪が現れることを偶然発見した。“キルリアン現象”と呼ばれるこの現象によってついにオーラの存在が証明されたと当時の超心理学者は熱狂した。妻のバレンティナとともに、キルリアンはこの撮影技術を確立し、人のオーラを撮影する様々な方法を開発した。そのうちの一つが、カラーフィルムの感光乳剤が塗布されている面に被写体（生体または非生体）を置き、次にそのフィルムを高電圧の平板電極とアースした平板電極の間に置くことで放電を促すという方法だ。カメラは使用しない。生体のオーラは色、形、大きさが常に変化し、非生体のオーラは変化が少ないことが見てとれる。

キルリアン写真の中で特に有

**葉っぱのキルリアン写真を撮影しているところ。**

## キルリアン写真

**葉っぱの切り取られた部分のオーラがキルリアン写真で“復元”されたように見える。**

名なのが1枚のツタの葉っぱの写真である。撮影前に先端がちぎり取られたにもかかわらず、まるで幽霊のような残像が写っている。“ファントム・リーフ”と呼ばれるこの写真を見た超心理学者の中には、すべての生命体を構成するこの神秘的なエネルギーこそがオーラの正体であると確信する者もいた。

しかし、こうした主張には反論も多い。先端を切り取る前にフィルムにしっかり押し当てていたのだとしたら、フィルムに付着した水分が写っているだけだというのだ。どんな生体にも含まれる水分が感光乳剤を塗布した面に付着すると、電荷パターンに変化が生じ、このような現象を招くという。葉っぱの先端を切り取ってからフィルムに接触させたのならまだしも、“ファントム・リーフ”などは真面目に研究する価値はないと懐疑論者は主張する。さらに、キルリアン写真は“生体エネルギー”をとらえた写真ではなく、気体中のコロナ放電による発光現象をとらえたにすぎないという反論もある。

ロシアにおけるESP研究の歩みを綴ったシーラ・オストランダー、リン・シュローダー共著『Psychic Discoveries—The Iron Curtain Lifted』（1997）によると、1980年代すでにキルリアン写真はレントゲン写真に次いで頻繁に医療の現場で用いられていたという。診察の際、医師は患者のオーラの色の変化を調べることで健康状態を診断した。

現在、ロシアでキルリアン写真研究の第一人者といえばサンクトペテルブルク大学物理学教授のコンスタンティン・コロトコフ博士だ。博士はキルリアン現象をもとに開発したGDV（気体放電視覚化装置）を用いた研

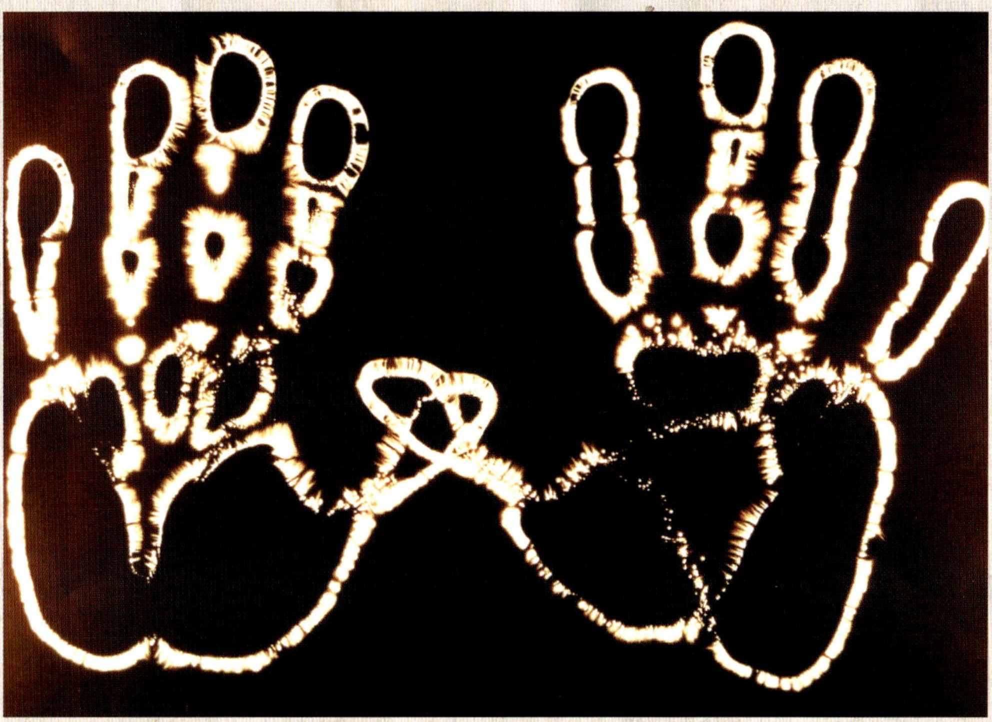

**キルリアン写真。
手から発生する生体電気を見れば
病気や心身症などが
診断できるという。**

究を行っている。『Life After Life: Experiments and Ideas on After-Death Changes of Kirlian Pictures』などキルリアン写真に関する数多くの著作がある。

一方、1970年代、80年代の米国ではUCLAの神経精神病学研究所の超心理学者セルマ・モス博士がキルリアン写真を医療の現場に活用することを提案した。『The Body Electric(ボディ・エレクトリック)』(1979)、『The Probability of the Impossible(ありえないことの蓋然性)』(1983)等の著作はキルリアン写真に対する国民の関心を高めた。モス博士は人間のオーラに関して様々な角度から実験を行い、愛情や怒りといった強い感情によってオーラの色がどう微妙に変化するかを研究した。

**下記も参照**

超感覚的知覚(ESP)　p.17-21
オーラ診断　p.87-92

# 自動書記

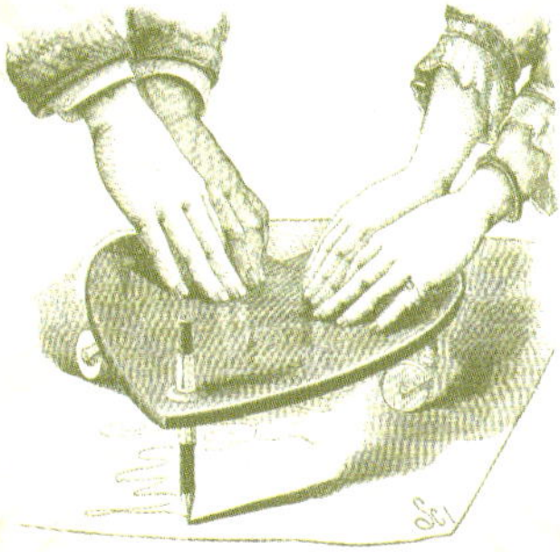

自動書記とは霊媒などが無意識の心に導かれて文字を書くことをいう。自動書記は“精霊のガイド”からのメッセージを書き留めたものだとされる。歴史上最初の自動書記の記録は旧約聖書歴代誌第1巻28章1-19節に登場する。エルサレムのモリヤ山にソロモン神殿を建てる話である。ダビデ王は息子のソロモンに神殿の玄関、邸宅、宝庫、晩餐の間、神像安置所、神の御座所が書かれた図面を手渡す場面で次のように語る。「神はわたしにこの神殿建築に必要なすべての作業を文書で示されたのだ」

自動書記の人気が一気に高まったのは心霊主義運動全盛期の19世紀後半に予言の方法として用いられたのがきっかけだ。英国教会の牧師で霊媒のウィリアム・ステイントン・モーゼス（1839-92）はなんと24巻にもおよぶ自動書記の原稿を書き上げ、それをフレデリック・W・H・マイヤーズが編集して『Spirit Teaching』（1883）という本にまとめたのもこの頃である。

1883年から89年まで『ペルメルガゼット』紙の編集者だった英国の政治ジャーナリスト、ウィリアム・

モリヤ山のソロモン神殿建築現場を監督するソロモン王。

上の写真：W・T・ステッドと彼の家族の写真（1891）　右：火星語

トーマス・ステッドはジュリアという名の霊からメッセージを受け取ったという。彼は自動書記を遠隔地にいる人との通信手段として用いた。遠くにいる相手に向かって心の中で質問を投げかける。するとその答えは自動書記で返ってくるというのだ。答えを書く間、彼の手は誰かに操られているように勝手に動く。1892年、ステッドは『London Review of Reviews』に“旧世界から新世界へ”と題する記事を掲載。大西洋で大型客船が氷山に衝突して沈没し、多くの人命が失われる事態を予言した。それから20年後の1912年、彼が乗っていた豪華客船タイタニックが沈没し、彼はこの事故で亡くなった。

一方、最も奇妙な自動書記を残した人物といえば19世紀後半の霊媒ヘレン・スミス（本名：キャサリン・ミューラー）だ。自分はインドの王妃やマリー・アントワネットの生まれ変わりだという彼女は、火星人から受け取ったメッセージを自動書記で記録したと主張した。20世紀初め、ヘレン・スミスの自動書記の調査に乗り出したのがスイスの心理学教授テオドール・フラワノイだ。しかし、調査開始後間もなく、“火星語”はヘレン・スミスの母語であるフランス語に酷似していることが発覚。その時点で調査は打ち切られた。この調査の全容を綴ったフラワノイの『From India to the Plant Mars』（1901）はエンターテイメントとしてはなかなか良く出来た作品だ。

最も精力的に自動書記を行ったのがチコ・ザビエル（1910-2002）である。ブラジルの心霊主義運動

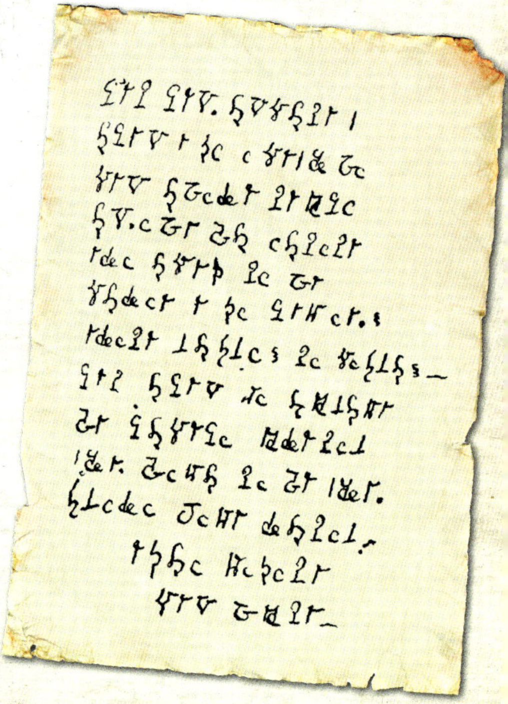

# 自動書記

マニングはグランドナショナル競馬の予想を
曾祖父から自動書記で得た。

を支えた著名な霊媒で、霊的存在からのメッセージを綴った著書は400冊にのぼる。

1970年代初め、マシュー・マニングは昔彼の自宅に住んでいたという霊からのメッセージを自動書記した（p.22を参照）が、その中におもしろいエピソードがある。ある日、今は亡き曾祖父ヘイワード・コリンズに“コンタクト”をとり、アスコット競馬の予想を聞いてみた。コリンズは生前、自分でも競走馬を所有するほどの大の競馬ファンであった。レースの当日マニングはわざと朝刊には目を通さず、その日の出走馬の名前を見ずに競馬場へ向かった。自動書記でコリンズから6頭の名前を教えられていたのだ。競馬場に行ってみると、確かに6頭すべての名前がそこにあった。そしてレースが終わってみると、6頭のうちなんと5頭が3着以内、2頭が1着になったのだ。それから何か月か経ったある日、今度はグランドナショナル（訳注：毎年1月にイギリスのリヴァプール郊外にあるエイントリー競馬場で行われる大障害競馬）に関する情報をコリンズから得た。コリンズの予想では1着

## 自動書記で有名な人物

- ダビデ王とソロモン王（紀元前10世紀頃）
- ヘレナ・ペトロヴナ・ブラヴァツキー夫人（1813-1891）
- アルフレッド・ラッセル・ウォレス（1823-1913）
- ウィリアム・ステイントン・モーゼス牧師（1839-92）
- W・T・ステッド（1849-1912）
- ヘレン・スミス（1861-1929）
- アリス・ベイリー（1880-1949）
- パール・カラン（“ペイシェンス・ワース”）（1883-1937）
- チコ・ザビエル（1910-2002）
- マシュー・マニング（1955-）

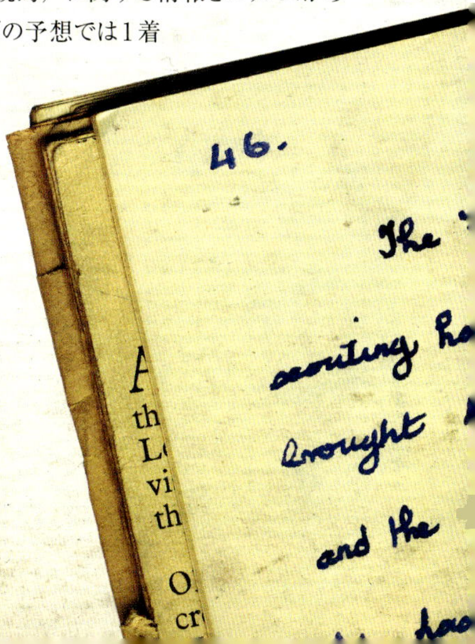

上の写真：エリザベス・ホープ
（エリザベス・デスペランス夫人）と
“物質化した霊”が一緒に写っている写真。

がレッド・ラム、2着がクリスプ、3着は僅差になるので予想が難しいということであった。さてレースの結果はというと、予想はすべて的中。コリンズが言ったとおり3着は写真判定だったという。

自動書記をする霊媒の多くはトランス状態で行うが、パール・カラン（p.103を参照）のように手が勝手に動くだけで、意識ははっきりしているケースもある。また、エリザベス・デスペランス夫人（1855-1919）のように自動書記が始まる直前に腕がチクチク痛むという霊媒もいる。ウィリアム・ステイントン・モーゼスは右腕が痙攣し“上下に激しく動く”。また、英国の作家で心霊主義者の先駆けウィリアム・ハウイットは腕や手に電気が走ったように感じ、手はまるで意志をもっているかのように円を描くと話している。

ブラヴァツキー夫人（1813-1891）やアリス・ベイリー（1880-1949）は、“チベットの大師”や“内なる世界”からのメッセージを自動書記したとされる。これに対し懐疑論者は、そもそも自動書記が超能力と呼べるかどうか疑わしく、自動書記をしているときはふだんとは異なる意識のレベルにアクセスしているだけだ、と反論する。しかし実際問題として自動書記が超能力か否かを判断するのは不可能に近い。なぜなら、“受け取った”情報は潜在意識の中に閉じ込められていた情報で、それが何かのきっかけで顕在意識化したにすぎないといくら主張しても、それを証明する手立てがないからだ。確かにこの説明のほうが霊的存在に“指示”されて書いたというよりは説得力はあるように思えるのだが。

# 診　断

## 自動書記診断テスト

### 1. 自動書記ができる人たちは世の中にどのくらいいるのか？

19世紀には自動書記ができる霊媒が
多かったが、最近はほとんどいない。

### 2. この能力はどうすれば獲得できるのか？

生まれつき備わっているという者もいれば、
ある日突然できるようになった
という者もいる。

### 3. 何か前兆は？

腕がピリピリ痛んだり、
全身に電気が走ったような感覚がある。

### 4. 自分にも素質があるかどうかはどうすればわかるのか？

無意識に何ページも
文字を書き続けることができる。

### 5. 用意するものは？

筆記用具またはパソコン。

### 6. 何か気を付ける点は？

亡くなった大切な家族から
嬉しくない事実を知らされる場合がある。

# テスト

## 自動書記にチャレンジ

**[1]**　まず目的をはっきりさせる。霊的存在と交信したい、無意識の心に導かれるとどんなことが起こるのか知りたい等々。

**[2]**　ノートとペンを取り出して、楽な姿勢で机に向かう。ペンはノートの上でかるく握る。

**[3]**　リラックスして自動書記に集中する。余計なことを考えず、頭を空っぽにする。

**[4]**　ある特定の霊的存在と交信したい場合は、その意志を伝えるとよい。まず名前を呼んで、それから願い事を伝える。言葉づかいはシンプルに。

**[5]**　メッセージが届き始めたら、最初は意味がわからなくても全部書き留めること。繰り返すうちにだんだん要領がつかめて意味がわかってくるはずだ。

事例研究

# パール・レノア・カラン

20世紀初め、セントルイスの主婦パール・レノア・カランはペイシェンス・ワースというペンネームで摩訶不思議な小説、詩、散文を数多く書いた。カランによるとペイシェンス・ワースは17世紀の英国人少女の霊で、カランの体を借りて様々な思想や哲学を世の中に伝えようとしていたという。

カランは1883年2月15日、イリノイ州マウンドシティーに生まれた。名はパール・レノア・ポラード。家族とともにテキサスに引っ越し、14歳でセントルイスに移り住んだ。勉強はあまりできなかったが、音楽の才能がありピアノや声楽のレッスンを受けていた。24歳でジョン・ハワードと結婚。セントルイスの中流家庭で平凡な日々を送っていた。

ところが1912年8月のある日、カランは近所の人から一緒にウィジャ盤を試してみようと誘われた。最初はためらっていたが、二人は手を盤に置いてみた。最初は何も起こらなかったが、そのうち“メッセージ”らしきものが届き始めた。しかしそのときはまだ意味がわからなかった。そして1913年7月8日、一つの明確なメッセージが届いた。「わたしはこの世に戻ってきた。昔住んでいたこの世に。わたしの名はペイシェンス・ワース。あなたと同じように、わたしもこの世に生きている」。この日から25年間、ペイシェンス・ワースはカランの体を借りて、世の中にメッセージを発信し続けた。ペイシェンスのメッセージに益々興味を持ち始めたカランはウィジャ盤にのめり込んでいった。しかし、ウィジャ盤では時間がかかりすぎて膨大なメッセージを処理しきれなくなったため、自動書記で直接受け取ることにした。

ウィリアム・ステイントン・モーゼス牧師と同様、カランもトランス状態で自動書記をしたことは一

パール・レノア・カラン。
17世紀の英国人少女の霊からのメッセージを伝えていると主張した。

## パール・レノア・カラン

度もなかった。明るい部屋の中に座り文章が浮かぶのをじっと待つ。そして浮かんだら一気に書き出す。言葉の洪水がどっと押し寄せてきたと思ったら、次の瞬間、様々な光景が目の前に浮かぶ。それをすかさずメモする。道路、樹木、風景、人々……。時折その中に自分の姿を発見することもあったという。

しかしカランにとって困ったことが一つあった。それはメッセージが方言で伝えられるため、わかりにくかったのだ。これは、1600年代ペイシェンス・ワースが子どもの頃住んでいたイングランド南部のドーセット州の方言で喋っていたからであった。ペイシェンス一家はその後アメリカに移住し、彼女は先住民に殺された。カランがペイシェンス・ワースについて知っていることはそれだけだという。

1916年、キャスパー・ヨストは『Patience Worth: A Psychic Mystery』を出版した。ヨストは当時『セントルイス・グローブデモクラット』紙の編集者で、1915年2月頃からカランに関する連載記事を書いていた。また、セントルイスの週刊文芸誌『リーディー・ミラー』の編集者ウィリアム・マリオン・リーディーもカランに傾倒した一人だ。ペイシェンス・ワースの文学的才能を称える論評を立て続けに掲載。これによりペイシェンス・ワースの名は世間に知れ渡った。

25年間、ペイシェンス・ワースはカランを介して膨大な作品——小説6編、数百ページにおよぶ詩、格言、祈祷書、対談——を書き残した。ほとんどの作品はペイシェンス・ワースの名前で出版されており、代表作に『The Sorry Tale』、『A Story of the Time of Chirst』、『Telka』、『An Idyl of Medieval England』、『Hope Trueblood: A Nineteenth Century Tale』などの小説がある。米紙ニューヨーク・タイムズや文芸誌『ブックマン』の書評委員をはじめ多くの評論家は、美しい比喩表現や古代語を巧みに操るカランの作家としての技量を絶賛した。セントルイスに住む平凡な主婦がいったいどうやってあれほど詳細な史実を正確に把握できたのか、どうやってあのような洗練された文体を駆使できたのか—。当時の評論家たちは驚きを隠せなかった。

その一方で、懐疑的な見方もある。ペイシェンス・ワースの出現は欧米諸国で心霊主義が復活の兆しを見せていた時期と重なることから、ペイシェンス・ワースがこれほど支持されたのは、17世紀の英国の少女が20世紀

上の写真：**カランとペイシェンス・ワースは協力して小説、短編、詩を創作した。**

のセントルイスに転生したという話をみんな信じたがったからだと指摘する。また、17世紀の人物がいったいどうやって19世紀のビクトリア朝を舞台にした小説（『Hope Trueblood』）を書くことができたのか、説明がつかないと懐疑論者はいう。

1922年頃を境にペイシェンス・ワースからの交信は途絶え始め、やがて完全に途絶えた。それとともに世の中の関心も薄れ、1939年にカランがこの世を去ると2人の存在は世間から忘れ去られていった。結局、この不思議な出来事は未解明のままで、ペイシェンス・ワースという名の少女が17世紀のドーセットに実在したかどうかも確認できない。そのため今日の超能力研究者の間ではペイシェンス・ワースなど最初から存在しなかったという見方が強い。

**ペイシェンス・ワースが1600年代に住んでいた英国の田園風景。パール・カランが想像した景色。**

しかし、依然として疑問は残る。パール・カランの体を借りてメッセージを送り続けた霊は本当に存在したのだろうか？

それともすべてはパールの無意識が作り出したものだったのだろうか？

米国心霊研究協会のウォルター・フランクリン・プリンス博士は1920～24年にペイシェンス・ワースの事例を徹底的に研究した。その結果、ペイシェンス・ワース現象は“カラン夫人の潜在意識から生じたものではないが潜在意識にある何らかの要因”によって引き起こされた可能性があると総括した。昨今、人格や特異体質に関する科学的、心理学的研究が進んでおり、ペイシェンス・ワースの謎の解明が待たれる。


**下記も参照**

逆行認知　p.59-63

自動書記　p.97-102

# サイコメトリー

サイコメトリーはギリシャ語で“魂”を意味する*psyche*と“測定”を意味する*metron*を組み合わせた造語である。ある物の過去の情報を“読み取る”超能力の一種だ。例えば、宝石や衣類を手に取ったり、額に当てると持ち主に関する情報が一瞬のうちにわかるという。サイコメトリーの持ち主は未知の物体（非生体）に関する情報を透視し、その情報を画像、音、匂い、味、感情といった形で入手するとされる。

ところでサイコメトリーの原理とはどのようなものなのだろか？　超心理学には次のような仮説がある。すなわちどんな物にも自身の過去の情報を外部へ転送するためのエネルギー場があり、このエネルギー場に感応するごく一部の人々だけがその情報を読み取ることができるというのだ。ニューエイジの作家ローズマリー・エレン・グィリーの話によると、すべての物には元の持ち主の波動が充満している。もしそうならどんな物にも過去の情報が保存されており、テープレコーダーのようにいつでも再生できることになる。一方、別の見解もある。サイコメトリストが読み取るのは物自体ではなく持ち主に関する情報であり、物は単に集中力を維持するための手段にすぎないという説である。

p.106の写真：サイコメトリーの実験を行う米国の超能力者ピーター・ネルソン（1984）。
左の写真：ニューエイジの作家ローズマリー・エレン・グィリー

“サイコメトリー” という言葉が初めて使われたのは1842年。ジョセフ・ローズ・ブキャナンによる造語だ。ブキャナンは当時ケンタッキー州コヴィントンにあるエクレクティック・メディカル・インスティテュートの生理学教授で、著書『Manual of Psychometry: The Dawn of a New Civilization』（1885）の中でサイコメトリーの発見により“魂の測定（soul measuring）”という新しい研究分野を開拓したと述べている。

ブキャナンが長年の研究から得た結論は、どんな物にも“魂”があり、そこには人間の感情の記憶が刻み込まれているということだ。世界の歴史は非生体の中に暗号化されており、超能力者によって解読される日を待っているのだという。

……サイコメトリーの
文字どおりの意味は、魂の測定である。
サーモメトリー（温度測定法）は温度を、
バロメトリー（気圧測定法）は気圧を、
エレクトロメトリー（電位測定法）は
電位を測る方法であるように、
サイコメトリーは魂を測る方法である。

『Manual of Psychometry: The Dawn of a New Civilization』（1893）

過去は現在の中に生きている！
この世界自体が永遠の記念碑であり、
物質世界の真実は
精神世界の真実でもある。
地質学的発見により地球の歴史を
探求できるようになったように、
サイコメトリーの発見により
人類の歴史の探求が可能になったのだ。
地質学者が化石を調べるように、
心理学者は人間の心の化石を調べる。
これからは地質学者も心理学者も
ともに手を取り合って
研究を進めていかなくてはならない——
地質学者の仕事は地球と
そこに住まう動植物の姿を描くことであり、
心理学者の仕事は原始時代から
地球上を放浪してきた
人類の足跡を描くことだ。
サイコメトリーという
心の望遠鏡を手に入れたことで、
われわれは痛ましい過去を含む
人類の壮大な歴史を
目の当たりにすることができるのだ！

『Manual of Psychometry: The Dawn of a New Civilization』（1893）

上の写真：ウォルター・フランクリン・プリンス。
米国の超能力研究者。
1930～31年まで米国心霊研究協会の会長を務めた。

1919年～22年にドイツの医師・超能力研究者のグスタフ・パーゲンステッヘル（1855-1942）はメキシコシティーでサイコメトリーの研究を行った。患者の一人マリア・レイエス・ジーロルドがドアの向こう側の様子をすべて見通せることを彼が発見したのがきっかけであった。また、マリアは物に触れただけでそれに関連する映像、匂い、味、音、感情などを読み取ることができた。メキシコシティーの医師会はマリアの能力は医学では説明できないと述べ、1921年メキシコを訪れていた米国心霊研究協会のウォルター・フランクリン・プリンス主任研究員も同様の結論に達した。

最近では、サイコメトリーを操る“超能力捜査官”（p.112を参照）の活躍が伝えられている。しかし、彼らの活躍を示す証拠は今のところ本人の証言またはマスコミ報道以外に存在しない。彼らが捜査に協力した事実はないと公式に発表している捜査機関もある。1978年にロサンジェルス市警の行動心理学捜査班のマーティン・ライザート部長が12人の自称超能力者に4件の犯罪に関連する証拠を見せて質問したが、サイコメトリーの存在を裏付ける証拠は何一つ得られなかったとされる。

# 診断

## サイコメトリー診断テスト

### 1．サイコメトリーを持つ人は世の中にどれくらいいるのか？

数は多くない。
サイコメトリーで事件の解明に挑む
自称“超能力捜査官”は
過去2、30年の間に何人かいた。

### 2．この能力はどうすれば獲得できるのか？

一般的には先天的な能力とされるが、
前触れなく突然獲得したケースもある。

### 3．何か前兆は？

物に触れたときに
突然何かのイメージが浮かぶ。

### 4．自分にもサイコメトリーの素質があるかどうかはどうすればわかるのか？

物に触っただけで、
それに関係する出来事や人の姿が
浮かんでくる。

### 5．用意するものは？

協力者１名と、
その人の持ち物を１個か２個。

### 6．何か気を付ける点は？

とくにない。

# テスト

## 残効テスト

静かな場所と協力者を1名確保する。

**[1]** 目を閉じて楽な姿勢で座る。

**[2]** 協力者は事前に用意した自分の持ち物を、あなたの手に握らせる。あなたは目を閉じたままそれを受け取る。

**[3]** 持ち物は協力者が長年愛用してきたものが望ましい。もちろんあなたは今までそれを見たことも聞いたこともない。もし適当な物がなければ年代も歴史もはっきりしている骨董品、例えばローマ時代の陶器や宝石などの工芸品を用意する。

**[4]** あなたは受け取った物をしっかり手の中に握るか、額に当てる。

**[5]** リラックスし何かイメージが浮かぶまで待つ。無理やり考えようとしてはいけない。

**[6]** 何か見えたり、感じたら協力者にすべて話そう。映像、印象、匂い、味——。どんなことでも細大漏らさず話すこと。あなたにはわからなくても持ち主にとって重要な意味を持つ場合もあるからだ。

**[7]** しばらくしてから目を開け、協力者に返す。そして、あなたが感じたことがどれだけ当たっていたか確認してみよう。最初の2，3回は当たっていなくてもがっかりすることはない。超心理学者の話によると、このテストを繰り返すうちにサイコメトリーの才能が開花することもあるという。

事例研究

# ジェラルド・クロワゼット

オランダの超能力者ジェラルド・クロワゼット（1909-1980）（別名：ジェラルド・ブークビンダー）は1940年代から彼が亡くなる1980年まで超能力捜査官として名を馳せた。若い頃、時計修理店で働いていたクロワゼットは、ある日たまたま店主の定規を手にしたところ、店主の人生が走馬灯のように浮かんできたという。そしてそれらはすべて事実であることが後で確認された。クロワゼットはサイコメトリーを駆使してオランダ、米国、オーストラリア、プエルトリコなどで警察の犯罪捜査に協力し、事件解明や失踪者の発見に貢献したとされる。オランダで起きたある殺人事件では、被害者個人の所持品から犯人を割り出すことに成功した。

ニューヨーク、ブルックリンで行方不明になった4歳の少女の捜索に協力するようクロワゼットに要請がきたことがあった。少女の写真、遺留品の衣服、そしてニューヨーク市の地図がクロワゼットのもとに送られてきた。サイコメトリーによる鑑定の結果、少女はすでに殺害されていると判断。死体が遺棄された場所と犯人を割り出すことに成功し、犯人は起訴された。

また、1976年5月クロワゼットは日本に向かった。行方不明の7歳の少女の捜索に協力してほしいという日本のテレビ局の要請に応えてのことだ。行方不明者はキクチ・ミワといった。写真を見たクロワゼットは少女はすでに亡くなっていると鑑定。死体は自宅近くの湖に浮いており、付近に係留されたボートと黄色い高い建物が見えると関係者に語った。警察による捜索の末、少女の死体は近くのダムで発見され、クロワゼットが透視したとおり、付近には係留されたボートや、黄色い給水塔もあった。マスコミはクロワゼットの超能力に驚愕したが、警察関係者はクロワゼットの助けがなくても死体は発見できたと主張した。

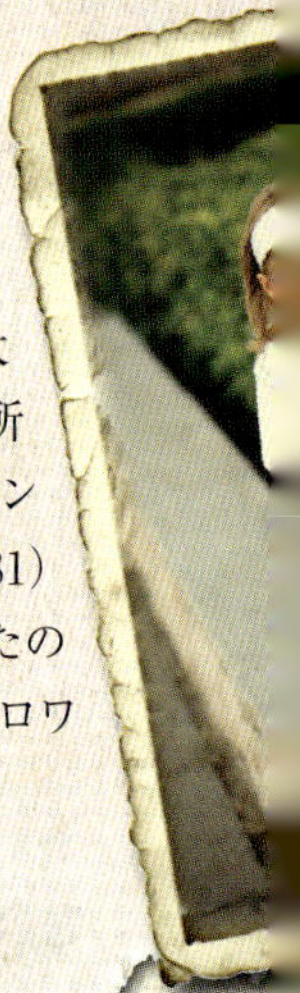

クロワゼットの華麗なる経歴を記録したのがユトレヒト大学、超心理学研究所のウィルヘルム・テンハフ教授（1894-1981）だ。二人が出会ったのは1945年。以来クロワ

左の写真：**エリック・カトラー。1970年、行方不明の女性に関する情報を得るためにクロワゼットの自宅を訪れた時の写真。**

ゼットの超能力に魅せられたテンハフは超能力の実験と開発に没頭した。もとはと言えば、クロワゼットを超能力界のスーパースターへ押し上げたのはテンハフだ。彼はオランダ警察にコンタクトを取り、迷宮入りの事件の解明にクロワゼットの超能力を活用するよう進言したのである。しかし、あとになってテンハフが実験データを改ざんしていたことが明るみに出たうえ、超能力捜査官としての実績を誇張し、多くの失敗例を無視していたことが明らかになった。

1966年、オーストラリア南部アドレードの海岸でボーモント出身の3人の子供が行方不明になった。捜索の協力要請を受けたクロワゼットはオーストラリアへ飛んだ。滞在中、当地のマスコミの注目を集め、裕福な実業家が滞在費をすべて負担した。透視の結果、子どもたちは最後に目撃された場所から0.5マイルの範囲内でかならず見つかると言ったが、結局3人は発見されなかった。

翌年、クロワゼットはスコットランドの警察から捜査への協力を依頼された。パトリシア・マッカダムという少女がグラスゴーからダムフリースまで友達と二人でヒッチハイクの途中、行方不明になった事件だ。クロワゼットが警察に語ったところでは、少女の死体は川に捨てられたということだったが、大規模な捜索にもかかわらず結局少女の遺体は発見されなかった。

**下記も参照**

クレアボヤンス　p.37-44
サイコメトリー　p.107-111

# 直観医療

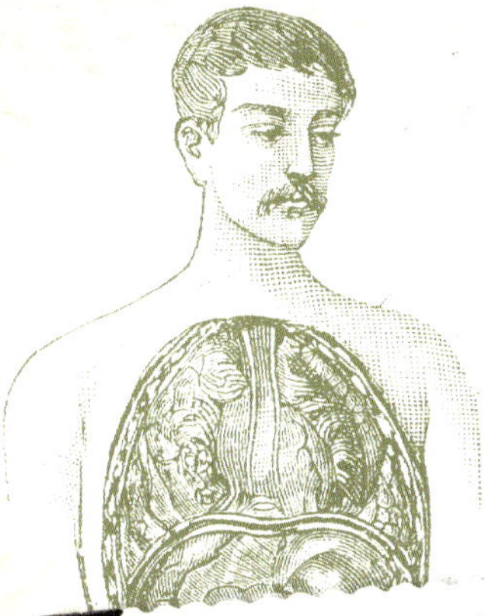

直観医療はクレアボヤンスの一種で、直観医療者は“第六感”で患者の病を発見する。直観医療者は診断を下した後、自ら治療する場合もあれば、患者のかかりつけの医師に診断結果を伝え、さらに詳しい検査を勧めることもある。直観医療者の多くは医師免許を持たない。直観医療という言葉を最初に用いたのはノーマン・シーリー博士とキャロライン・メイス博士で、1987年のことである。当時シーリー博士は直観を医療に取り入れるための研究を行っていた。また、メイス博士は直観医療の第一人者で『The Creation of Health（邦訳：健康の創造）』（1988）、『Anatomy of the Spirit（邦訳:7つのチャクラ）』（1996）、『Why People Don' t Heal and How They Can（邦訳：チャクラで生きる―魂の新たなレベルへの第一歩―）』（1998）をはじめ多くの著書がある。

フィニアス・パークハースト・クインビー（1802-1866）は歴史上最初の直観医療者とされるが、世界的に有名な直観医療者といえばエドガー・ケイシー（1877-1945）だ。米国ケンタッキー州に生まれ、

19世紀に活躍した米国の直観医療者
フィニアス・P・クインビーの木版画。

ケイシーの処方箋の中には自家製の紅茶や強壮剤などがあった。

“眠れる予言者”の異名を持つケイシーはクレアボヤンスを使った直観医療に従事したことで知られる。診断の際は自己催眠をかけてトランス状態に入り、医学用語を用いて診断を下し、治療方針を示した。

診断は下すが、治療はかかりつけの医師が行うべきだというのがケイシーの方針であった。したがって、処方箋は、マッサージ、リラクゼーション、強壮剤、食餌療法、湿布、運動、膏薬、自家製の紅茶や強壮剤などきわめてシンプルなものが多かった。ケイシーが理想としたのはホリスティック医療、すなわち、体全体を一つの“システム”ととらえる医療だ。臓器や細胞がネットワークを形成し、どこか一箇所でも正常に機能していないところがあれば他にも影響を及ぼすという考え方である。いわば結果ではなく原因を根本治療することでシステム全体を健全な状態に戻そうとしたのである。ただし、患者を暗示にかけることで治療が成功した可能性も否定できない。

一方、医学界は直観医療に否定的だ。有効性を裏付ける科学的データが無いからである。これに対し、直観医療は科学ではないので科学的検証にはなじまない、と直観医療者は反論する。しかし、直観医療者が正しい診断を下す確率が統計上有意かどうかは実験してみればすぐわかることである。にもかかわらず、これまで自らの能力を科学的に検

# 眠れる予言者
# エドガー・ケイシーの偉業

ケイシーは1945年に亡くなるまで、8,000人以上をリーディングした。その記録文書は14,000件以上にのぼる。トランス状態で行ったリーディングを速記で記録したものだ。これらの文書は、ケイシーの功績を世界中に広めるために1931年バージニア州に設立されたエドガー・ケイシー財団（ARE）に保管されており、一般公開されている。

証しようとした直観医療者が皆無に等しいのはどうしたことか。ひと握りの直観医療者の主張には耳を傾けるべき点もあるが、自ら進んで有効性を実証しようとしない限り、直観医療がもたらす効果は単なる暗示と患者の希望的観測の産物とみなされ、医学界が直観医療を受け入れることはないだろう。

# 診断

## 直観医療診断テスト

**1. 直観医療者は世の中にどれくらいいるのか？**

非常に稀な存在である。

**2. この能力はどうすれば獲得できるのか？**

たいてい先天的な能力だが、
エドガー・ケイシーのように
手術やトラウマを経験した後に
突然獲得した例もある。

**3. 何か前兆は？**

透視して患部を見つけることができる。

**4. 自分にも素質があるかどうかはどうすればわかるのか？**

一度ならず、何度も初対面の人の
病気を言い当てた場合、
素質があると考えられる。

**5. 用意するものは？**

とくにない。

**6. 何か気を付ける点は？**

直観医療者は重病の患者に、
誤った情報を与えたり、
過大な期待を抱かせないよう
注意すべきである。

# テスト

## 直観医療者としての能力を開発する

直観医療者はキネシオロジー（運動療法）を用いてクライアントの健康状態、エネルギー場、精神状態を診断することが多い。

以下に自分でもできる簡単なテストを紹介する。

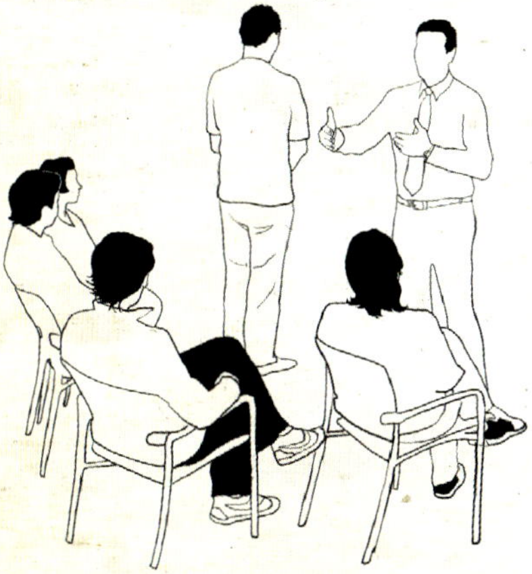

**[1]**　テストに協力してくれる人を少なくとも４人確保する。

**[2]**　一人（被験者）だけ立って、あと（聴衆）は座る。

**[3]**　被験者は聴衆に背を向けて立ち、片方の腕を体に対して直角に伸ばす。このテストでは直角に伸ばした腕を“インジケーターマッスル”と呼ぶ。

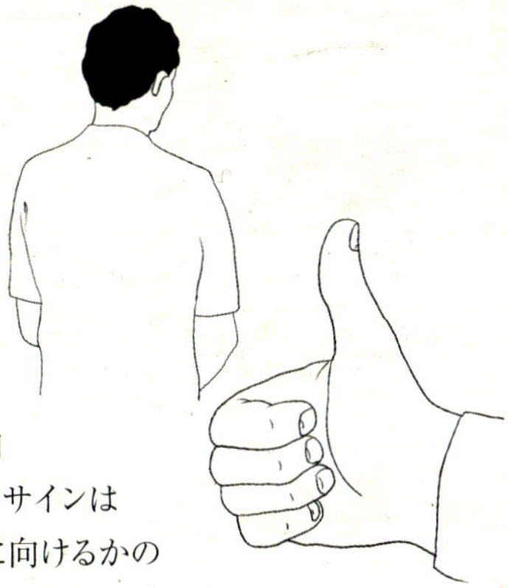

**[4]**　あなたは、被験者に見られないように、聴衆に向かってサインを送る。サインは親指を立てるか、下に向けるかのどちらかだ。あらかじめ聴衆に次の約束事を伝えておく。①親指を立てるサインが出たら聴衆は微笑んでポジティブなことを考える②下に向けるサインが出たら、被験者について何かネガティブなことを想像する。

**[5]**　親指を立てたときと下に向けたときに、被験者の直角に伸ばした腕の手首を抑えて軽く下の方に押す。このとき被験者が腕を伸ばしたままの状態でいられるかどうかチェックする。

**[6]**　直観医療者によると、聴衆がネガティブな感情を抱いたときは被験者のインジケーターマッスルが弱くなり長時間腕を直角に保っておくことができないという。逆にポジティブなことを考えているときは直角に保っておくことができるという。

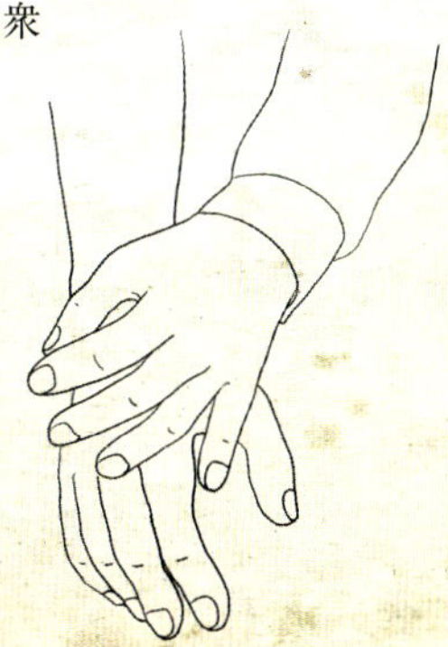

事例研究

# ナタリア・デムキナ

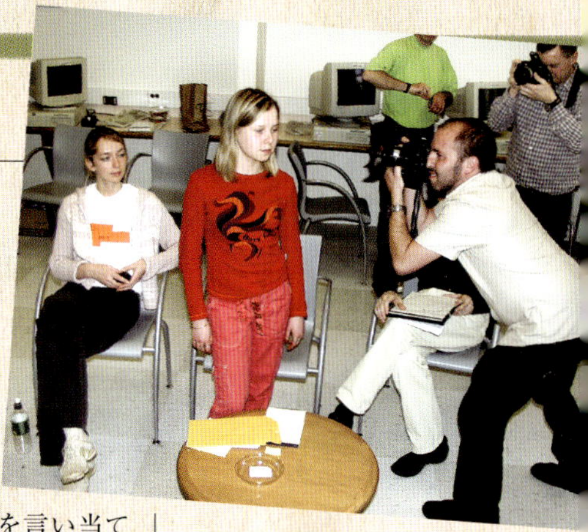

1987年、ロシア西部のサランスクで生まれたナタリア・デムキナは“透視力”を駆使して医療診断を行う。『プラウダ』紙が“X線の眼を持つ少女”と呼ぶこの超能力者は人間の臓器や細胞を透視して患部を発見することができるという。デムキナは10歳の頃、虫垂炎の手術を受け、それ以来正確に病気を言い当てることができるようになったという。「ほんの一瞬、目の前にいる人の体内の様子がカラー写真のように見えるのです。それをもとに分析を始めます」と彼女は話す。この特殊な能力は故郷の小児科病院の医師たちによって検証され、これまで数々の患者の病状を正確に診断した。患者の中には実験に参加した医師も含まれていた。

デムキナは患者の体内を透視した後、見たものを絵に描く。透視は分子レベルにまで及ぶ場合もある。一度医師の誤診を正したこともあった。がん宣告された女性患者を透視すると“小さな嚢胞”しか見えなかった。そこで再検査を勧めたところ、結局女性はがんではなかったことが判明したのだ。

2003年にロシアの地元紙とテレビ局が取り上げ、英国の大衆紙『サン』がデムキナの特殊な能力を報じたことから、彼女の評判は一気に広まった。2004年1月『サン』が彼女を英国に招待し

左の写真：**デムキナはロシア西部のサランスクで生まれた。**

右の絵：**デムキナはまるでX線写真のように患者の体内を透視する。**

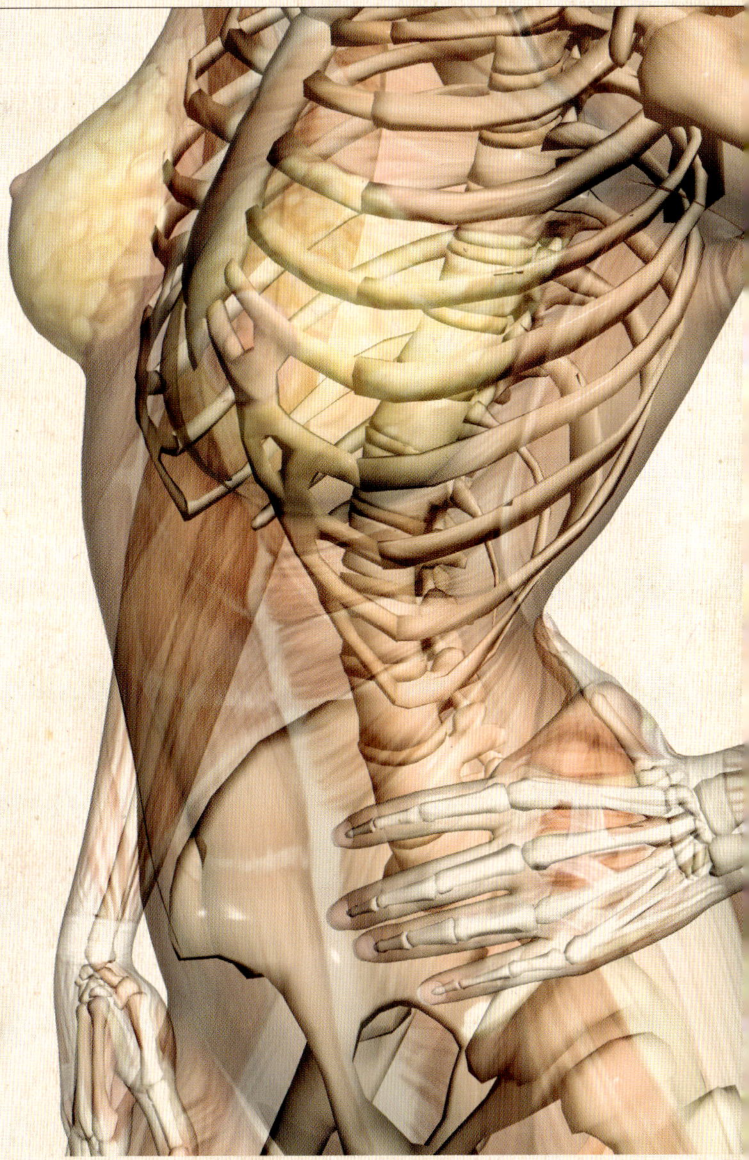

たとき、同紙のブリオニア・ウォーデン記者の健康状態を正確に言い当てた。同氏は前年の10月に交通事故に遭い、数か所にケガを負ったが、それらを正確に透視したのである。また、テレビ番組『This Morning』に出演していた医師を診察したこともあった。彼が以前どんな手術を受けたかを言い当てたデムキナは、さらに“胆石、腎臓結石、肝臓と膵臓の腫れ”等の所見が認められると告げた。動揺した医師はすぐに地元の病院でCTスキャン検査を受けた。その結果、腸に腫瘍らしきものが見つかったが、幸い重大な病気は見つからなかったという。

## ナタリア・デムキナ

デムキナの透視能力を検証する実験の中で最も記憶に残るのが2004年5月ニューヨークのディスカバリーチャンネルで放送されたものだ。“X線の眼を持つ少女”というドキュメンタリー番組で、懐疑派団体（CSI）のレイ・ハイマンとリチャード・ワイズマン、それに科学的医療精神衛生委員会のアンドリュー・スコルニックが行ったこの実験は大きな論争を巻き起こした。4時間に及ぶ実験には“対照被験者”1名を含む7名が参加した。実験の中身は、医師が書いた7名の診断書と参加者をマッチングさせるというものだ。もし7名中最低5名を正確に言い当てた場合、引きつづきさらに詳しい実験を行うことになっていた。しかし正確に当てたのは4名だったため、デムキナは透視能力者ではないという結論で番組は終了した。

ところが番組終了後、デムキナと彼女の支持者は実験に際し不公平な扱いを受けたとして実験チームに抗議した。これに対し実験チームは次のように反論した。被験者の一人の頭骨には金属プレートが埋め込まれていたがデムキナはそれに気づかなかった。頭骨に輪郭が浮き上がっているのを見れば一目瞭然だったはずだ、というのである。

この実験は今でも大きな議論の的で、インターネット上の科学や超常現象に関するフォーラムでは熱い議論が交わされている。ここで重要な点を2つ指摘しておきたい。まず、デムキナは実験前、自分の診断は“100%正しい”と宣言していたが、結果的にはそうではなかったという点。次に、実験にあたっての取り決め——少なくとも5名を正確に診断できたら超能力が科学的に証明されたとみなす——に事前に同意していた点である。したがって、異議を申し立てるなら実験の前にそうすべきだったといえる。

釈然としない結果に終わった実験の後、デムキナは東京へ向かった。超能力研究者でもある東京電機大学電気工学科の町好雄教授の実験に協力するためだ。このとき彼女は事前にいくつかの条件を提示した。まず患者は医師の診断書を必ず持参し、診断はどこか1箇所——頭、胴体もしくは両手両足——に限定し、どの部分を診断するのか

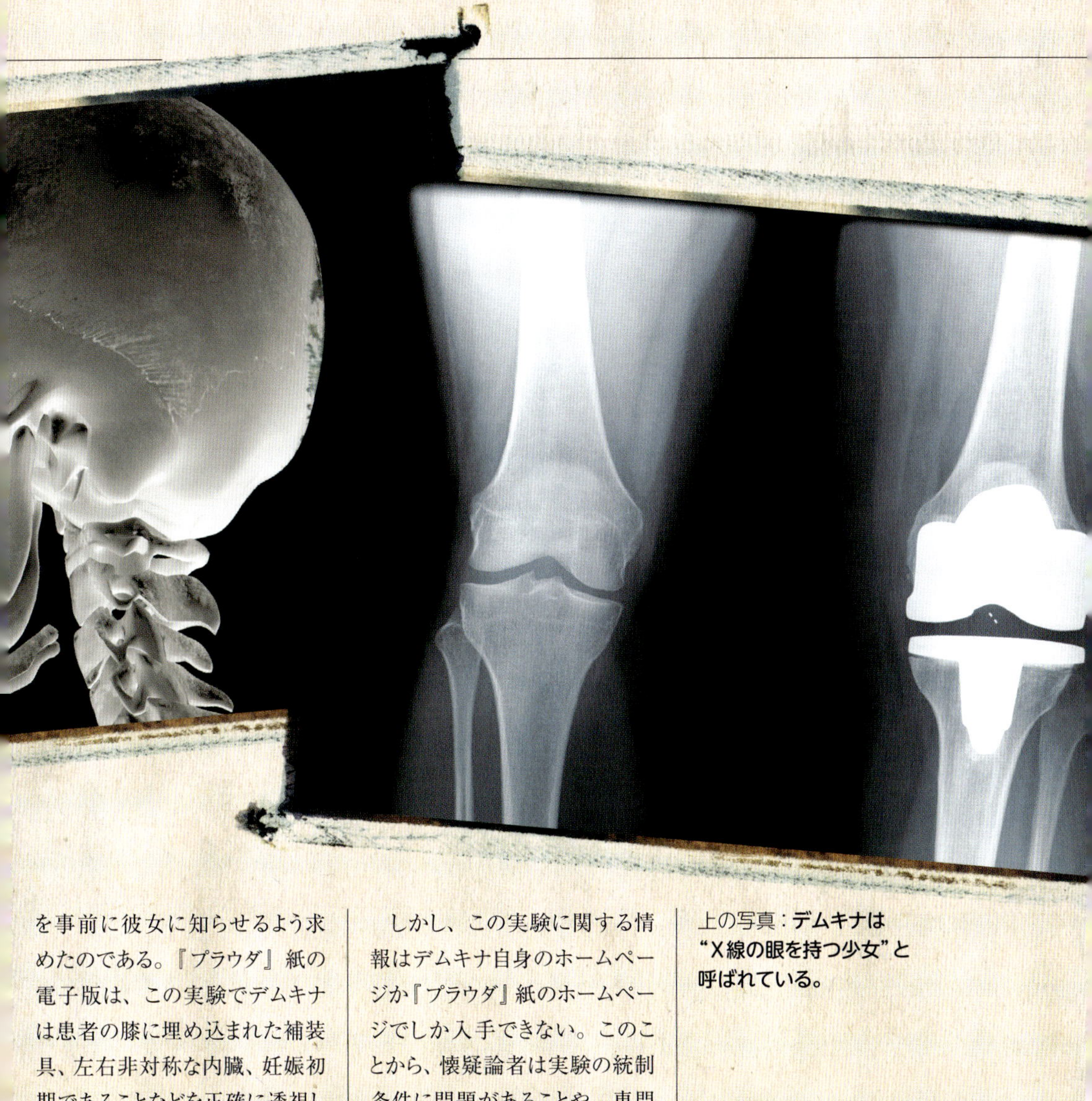

上の写真：**デムキナは“X線の眼を持つ少女”と呼ばれている。**

を事前に彼女に知らせるよう求めたのである。『プラウダ』紙の電子版は、この実験でデムキナは患者の膝に埋め込まれた補装具、左右非対称な内臓、妊娠初期であることなどを正確に透視したと伝えている。

しかし、この実験に関する情報はデムキナ自身のホームページか『プラウダ』紙のホームページでしか入手できない。このことから、懐疑論者は実験の統制条件に問題があることや、専門家による再実験も行われていな

## ナタリア・デムキナ

**下記も参照**

**超感覚的知覚（ESP）　p.17-21**

**直観医療　p.115-119**

い点を指摘し、結果の信憑性に疑問を呈している。

一方、最近デムキナが1人13ドルの受診料をとって患者のリーディングを始めたという報道が話題を呼んでいる。平日の夜は10～20人ほどの患者が訪れるというから、彼女の収入は故郷サランスクの公務員の月収をはるかに上回る額だ。また、2005年にはモスクワに特殊診断センターを開設。患者の診断に加えて、別のヒーラーが行う治療を監督するのが彼女の役目だ。今でも彼女に対するマスコミ報道は好意的だが、2004年のディスカバリーチャンネルの実験以来、医学界は彼女の動向を無視している。

デムキナがディスカバリーチャンネルの実験に参加することを

右の写真：
**人間の腹部のCTスキャン。デムキナは英国のテレビ番組『This Morning』に出演していた医師に“胆石、腎臓結石、肝臓と膵臓の腫れ”などの所見が認められると伝えたが、CT検査の結果、重大な疾患は見当たらなかった。**

承諾したのは、透視能力を目に見える形で証明するものがほしかったからだ。英紙『ガーディアン』の取材に対しデムキナは「こうした超能力が存在することを世間の人々に知ってもらいたかったのです」と語っている。また、実験会場は“友好的でない”雰囲気に包まれ、診断書の症状自体、本当かどうか“怪しい”と感じた、と実験終了後に語っている。しかし番組自体が懐疑派団体の企画によるものであることを考えると多少の敵対心は予想できたはずだ。逆に“成功した”という東京での実験は代替医療を支持する学者が主催したものだ。いずれにしてもデムキナの事例は超能力を科学で証明することの難しさを浮き彫りにしたといえる。デムキナの支持者も懐疑論者も相手の実験方法の不備を指摘し、自分たちの主張が正しかったことが“証明された”と主張している。

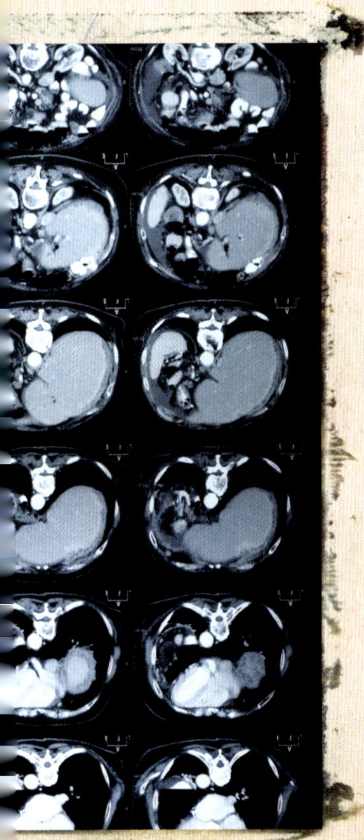

### X線の眼

ナタリア・デムキナのX線写真のような視覚は透視力の範疇に入る。実は同様の事例は何世紀も前から報告されている。例えば、魔女裁判、フリークショー、現代の奇術師、(米国と旧ソ連が超能力研究の分野で競い合っていた)冷戦時代のスパイ活動などである。

科学者が超能力の実用化に向けて研究に取り組む場合、どのような実験方法を採用するかは難しい問題だ。例えば、旧ソ連は生物学の知見や科学的手法により測定可能なデータの入手を試みた。これに対して、米国は心理学者に命じて人間の心の奥深くを探らせた。結局どちらの方法を用いても、透視力の存在を証明することは不可能に近い。同時に、存在しないことを証明するのもまた不可能に近いのだ。

# ダウジング

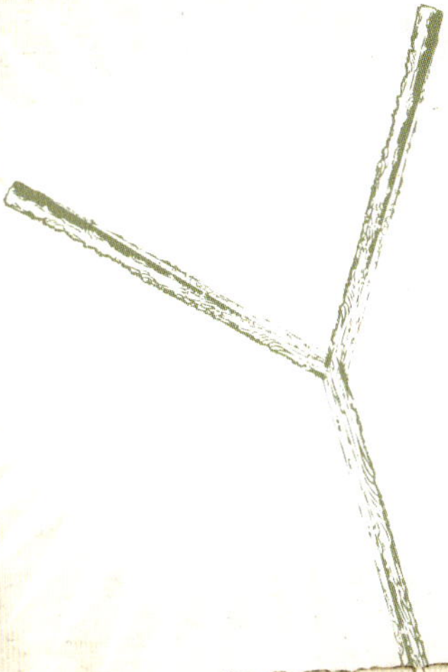

ダウジングとは超能力の一種で、埋蔵品、地下水脈、鉱脈、油田、トンネル、洞窟、さらには人間までも発見するのに用いられる。ダウザーは科学的器具は一切使用せず、A字型、Y字型、L字型の小枝やダウジング棒といった簡単な道具を用いるだけだ。また、ペンジュラム、地図、写真などを用いる場合もある。ダウジングは棒占いの一種だが、“水脈占い”とも呼ばれる。さらに、米国ではダウジングの代わりに“ドゥードゥルバグ（doodlebug）”という言葉もよく用いられる。

デンマークのダウザー、トマス・ハウルリーは2本のL字型棒を使って水脈や地下に埋設した高圧線の場所を探し当てる。

現代のダウザーは銅製のL字型の棒を2本用いる。ただし、金属製のハンガーでも代用可能だ。昔は木製の棒、とくにY字型のハシバミの枝が一般的で、リンゴ、ブナ、柳、ハンノキの枝なども用いられた。現代のダウザーは両手に一本ずつ棒を握って地面を“スキャン”しながら歩き回る。2本の棒が急に動いたり、交叉すれば地下に何かある証拠だ。Y字型の棒を使うと地面のほうに引っ張られる感じがしたり、手の中で棒が動いたりよじれたりするという。このような反応は地下に水脈があることを示している。プロのダウザーは単に水脈のありかを探知するだけではない。深さ、流量、そして飲料水や作物を育てるのに適しているか否かも推測できるという。

上の写真：マップ・ダウジング
（別名：リモート・ダウジング）はダウジングの
技術の粋を集めたものといわれる。

ゲオルク・アグリコラ著
『デ・レ・メタリカ』（1556）の挿絵。
ダウジングで鉱脈を探す人々が描かれている。

またクリスタルや金属のペンジュラムと地図を用いる方法もある。ダウザーは地図の上からペンジュラムをぶら下げて石油、鉱物、水脈、行方不明者などを探し当てる。ペンジュラムが円を描いて回り始めたり、縦に動き出したらその近辺から探し始める。

ダウジングの詳しい原理は不明だ。そもそも役に立つのかどうかもわかっていない。ある説によると、あらゆる生体、非生体は特有の波動を出しており、それをダウザーがキャッチしたとき棒が動くのだというが、曖昧な説明という印象をぬぐえない。また、ダウザーは訓練によって電磁場を探知できるという説もある。

# ダウジング

ダウジングの歴史は古代にさかのぼる。例えば、古代エジプトや古代中国の美術工芸品にはダウジングを描いた作品がある。しかし、ダウジングに関する文献が最初に登場するのは中世のヨーロッパである。当時ダウザーは石炭を掘り当てる仕事に従事していた。15世紀のドイツではダウジングは鉱脈を探知する手段とされていた。しかしプロテスタント教会の源流をつくったマーチン・ルター（1484-1546）はダウジングを“悪魔が手を貸している”と呼んで非難した。これが占い杖による水脈探査を意味するwater witching（文字どおりは“水中に住む魔女”の意味）の語源といわれる。ドイツの科学者ゲオルク・アグリコラが著した採鉱冶金学の技術書『デ・レ・メタリカ』（1556）にはY字型の枝を用いて作業をしているダウザーの姿が描かれている。ちなみにアグリコラ自身はダウジングの有用性を認めていなかった。

ダウジングは17世紀のフランスで広まった。その

マーチン・ルターはダウジングを
“悪魔が手を貸す行為”と呼んで非難した。

1900年代初め、ダウジングで水脈を探る男性

きっかけをつくったのが鉱山学の専門家ボーソレイユ男爵夫人とその夫である。彼らはヨーロッパじゅうを旅しながら、鉄鉱石、金、銀の鉱脈を次々と発見していった。やがて夫妻は鉱山会社を設立し事業は繁栄した。しかし、ダウジングの評判が世間に知れ渡ると、"黒魔術"の使い手であるとの非難が高まり投獄された。

その後、19世紀に入り科学の進歩、宗教的寛容さ、心霊主義の広まりなどを背景に、ダウジングは再び世間の注目を集めるようになった。この時代の最も有名なダウザーといえば英国の石工ジョン・マリンズ（1838-1894）だ。初めてダウジングをしたとき棒が激しく動きポキンと音をたてて真っ二つに折れたという。"水脈占い師"として大きな成功を収めた彼は生涯で5,000か所あまりの水脈を探し当てたといわれる。

1959年米国海軍が行った実験で、ヴァーン・L・キャメロン（1896-1970）は太平洋に配備されているすべての米国潜水艦の位置をマップ・ダウジングによってわずか数分で探し当てた。1960年代には米国陸軍がベトナム戦争に従軍する兵士にダウジングの訓練を施して不発弾や地雷を探知させ、多くの人命を救ったとされる。

1990年11月、ドイツのカッセルでドイツ超科学研究機関が30人のダウザーの能力を調べる実験を行った。3日間にわたる実験を主導した3人の科学者は2種類の実験を考案した。最初は、パイプの中を水が流れているかどうかをダウジングで探知する実験。2つ目は、いろんな素材――鉄、石炭、金、銀、銅――でできた物をあらかじめ地中に埋めておき、その場所を探知できるかどうかを試す実験だ。実験前は、自信満々だったダウザーだが、結局偶然の確率を超えた者は誰もいなかった。

一方、懐疑論者は、ダウジングは超能力ではなく、いわゆる"観念運動効果"で説明できると主張する。観念運動効果とは暗示、期待感、先入観などが原因で筋肉が受動的・無意識的に動く現象をいう。この概念を用いてダウジング棒やペンジュラムの動きを説明したのは1852年、ウィリアム・B・カーペンターが最初である。彼はウィジャ盤の原理や交霊会でテーブルが動く現象などもこの概念で説明した。しかし、世界に何十万人ともいわれるダウザーたちは明らかにそのような説には納得していないようだ。

# 診 断

## ダウジング力診断テスト

**1. ダウジングができる人は世の中にどれくらいいるのか？**

他の超能力と比べると、
ダウジング能力を持つ者は多い。

**2. この能力はどうすれば獲得できるのか？**

ダウザーたちの多くは訓練を重ねることで
この能力を獲得したとされる。

**3. 何か前兆は？**

地下水脈や埋蔵物の上に立ったとき、
言葉では説明できない感覚が
身体を走る。

**4. 自分にもダウザーの素質があるかどうかはどうすればわかるのか？**

すべての生体が放つ波動を
キャッチできる能力があるかどうかだ。

**5. 用意するものは？**

Ｙ字型またはＬ字型のダウジング棒、
もしくはペンジュラム。

**6. 何か気を付ける点は？**

とくにない。
身の周りで何か面白いものが
発見できるかもしれない。

# テスト

## ダウジング棒の作り方と使い方

**[1]**　50センチの太い針金を2本用意する（家にある服掛けでも構わない）。

**[2]**　針金をL字型に曲げる。このとき短い方の長さが12cm程度になるようにする。ダウジングのときは12cmの取っ手部分を握る。持ちやすくするには、芯を抜いたボールペンの中に取っ手を通すか、綿糸でぐるぐる巻きにするとよい。

**[3]**　安全のために棒の長い部分には保護テープを巻いておく。

**[4]**　同じ要領でもう1本作る。

**[5]**　知人に頼んで、地面の数センチ下に金属製の物、または水を入れた容器を埋めてもらう。地面を掘りおこした跡が見つからないように気を付ける。

**[6]**　両手にダウジング棒を持つ。棒は腰のあたりで柔らかく握る。左右にぶらぶら揺れる程度に軽く持つ。

**[7]**　ダウジング棒の動きに注意を払いながら歩く。埋蔵物の付近に来たら合図してくれるようダウジング棒に願いを込める。

**[8]**　棒がX字型に交叉したり、外側に大きく振れたら、そこを掘ってみよう。

**[9]**　何も見つからなかったときは、ダウジング棒をY字型の木の枝に換えてみるか、別の物を埋め直してもう一度トライする。トライした回数を記録しておこう。最初はうまくいかなくてもあきらめないように。

事例研究

# J・ラウール・デロシアーズ

カナダの実業家、J・ラウール・デロシアーズ。地中の奥深くを見通せるという世にも不思議な超能力を持つ男だ。彼のX線写真のような透視力はかつて“ウォーター・ウィッチング（占い杖で地下水脈を探すこと）”と呼ばれたが、現在では“ウォーター・ダウジング（水脈占い）”という呼び名が一般的だ。

デロシアーズは昔から肋骨の下あたりの激痛に悩まされていた。痛みはすぐに治まったので最初は気にしないようにしていた。ところが、1940年頃から痛みの回数も持続時間も長くなってきたので医者に診てもらうことにした。医者は心理的なものだから少し休めばよくなると言って、睡眠薬を処方した。医者の指示どおり薬を服用するうちに痛みは起こらなくなった。

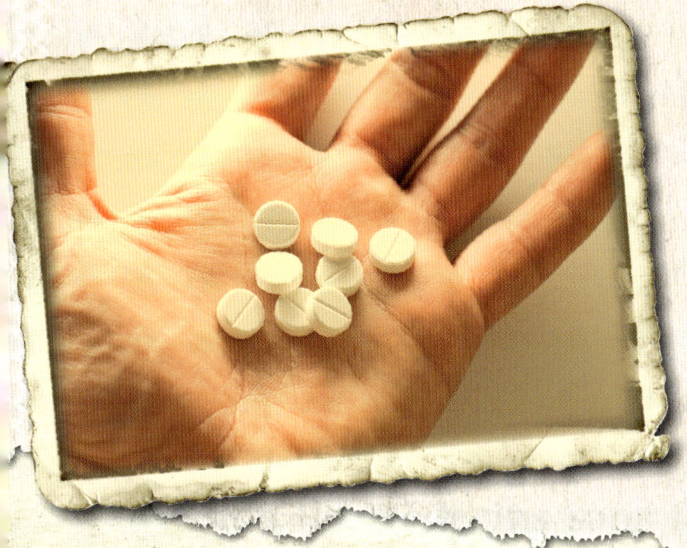

薬を飲みだして1か月ほど経ったある日、デロシアーズはケベック州で農場を営むいとこのもとを訪れた。この地域は深刻な水不足でこのままだと家畜を手放さなければならなくなるという。窮状を訴えるいとこに同情はするものの、どうすることもできなかった。そして数か月後、再び農場を訪れたデロシアーズがいとこと納屋の裏手の畑を歩いていたとき、突然あの痛みが襲ってきたのだ。痛みをこらえながらデロシアーズはい

## J・ラウール・デロシアーズ

上の写真：
**デロシアーズの特殊な能力がいとこの窮地を救った。**

とこに言った。「いいかよく聞いてくれ。なぜだかわからないがこの下に水脈があるはずだ……。それもいい水だ。20mほど掘ったところだ。3インチの粘板岩層の上を流れている。ドリルが粘板岩を貫通しないよう注意して掘ってみてくれ」。3週間後、その場所を掘ってみると、なんと豊富な飲み水が湧きあがったのである。そこはデロシアーズが予想したよりもわずか30cmほど深いだけで、水脈の下には3インチほどの粘板岩層も見つかった。

この噂はすぐに全国に広まり、彼は引っ張り凧になった。彼が生涯で発見した水脈の数は600を超し、たった一度の失敗もなかったという。それもただ地面を歩き回り、肋骨や足の裏に痛みを感じた場所を掘るだけだったという。

デロシアーズの特殊な能力を検証する過程で、彼が水脈の上を歩いたときに皮膚電位活動（SPA）の値が100～200ミリボルト変化することがわかった。これは一般の人の値が10～30ミリボルトであることを考えるときわめて大きな値である。

しかし残念ながら1940年代後半から50年代に実施されたこの実験の詳細はこれまで公表されていない。

デロシアーズの証言が正しいとすれば、彼は自分の体をダウジング棒として使っていたことになる。水脈探しを依頼した人々は彼のダウジングは一度も外れたことがないと口をそろえる。彼の特殊な能力は医者が処方した睡眠薬のせいだとする説や、ただの昔話にすぎないという説もある。

たしかにデロシアーズのダウジングは奇妙だが、実はこうしたやり方で水脈を探るダウザーは彼だけではない。例えば、18世紀のフランスの著名なダウザーであ

右の写真：**目隠しをしたブレトンが科学者にダウジング能力を証明しようとしているところ。道具は一切用いていない。**

るバルテルミー・ブレトン――ルイ16世やマリー・アントワネットも彼の能力を重宝した――が自分の特殊な能力に気づいたのは7歳のときだ。ある日職人たちに夕食を運ぶ途中、ひと休みしようと大きな岩に腰をおろしたとたん発作に見舞われた。さいわい岩から離れると具合は良くなったが、なぜかその岩に近づくと発作に襲われた。不思議に思った近くの修道院長がその岩の周りを掘らせてみると、なんと泉がこんこんと湧きだしたのだ。この井戸は20世紀初めまで地元の人々が利用していたといわれる。

**下記も参照**

**超感覚的知覚（ESP）　p.17-21**

**ダウジング　p.127-132**

# スクライング

スクライングは占い・予言のテクニックの一つで、“クリスタルゲイジング”とも呼ばれる。反射面を持つ物——鏡、水晶球、石、あるいは水を張った容器——を凝視しながら現在・過去・未来を暗示するビジョンが現れるのを待つ。一方、ペンジュラムを用いるスクライングもある。結婚指輪をネックレスの鎖に結んで妊婦のお腹の上にぶら下げ、揺れ方によって赤ちゃんの性別を占う方法は有名だ。

スクライング（scrying）の語源は中英語の*descry*（意味は“遠くから見つける”または“明らかにする”）で、さらにその語源をたどれば古フランス語の*descrier*（意味は“叫ぶ”または“宣言する”）に行き着く。

スクライングをする者は水晶、鏡、水面などを眺めるうちにトランス状態に入る。例えば水晶球を使う場合、水晶がだんだん乳白色に曇り、やがてビジョンが現れる。抽象的なビジョンもあれば具体的な人物、場所、出来事の場合もあるという。スクライングをする者はこうしたビジョンの意味を解釈して相談者に助言や忠告を与える。ところでこうしたビジョンはどこから現れるかについては諸説がある。スクライングをする者の無意識の心が生み出したものだとする説もあれば、天使、悪魔、霊的存在からのメッセージだと

スクライングは現在・過去・未来を占う方法として
多くの文化圏で用いられてきた。

上の写真：魔術を研究するジョン・ディー博士と
助手のエドワード・ケリー。

する説、さらには、神との対話説まである。

スクライングの歴史は古い。創世記にはヨセフが銀の聖杯を用いて占う場面が登場するほか、チョーサー、スペンサー、シェークスピアなどの作品にもスクライングが登場する。この分野で著名な人物といえばジョン・ディー（1527-1608）だ。エリザベス女王に寵愛された宮廷占星術師・地質学者で、英国海軍のスパイでもあった（偶然にも暗号名は007）。彼は晩年、超常現象の研究に没頭。幾多の失敗を重ねた後、1582年水晶を用いて霊界と交信することに初めて成功したという。同年、スクライングを生業としていた当時27歳のエドワード・ケリーと出会い、彼を助手として雇い天使との交信を試みた。

オブシディアン（黒曜石）などのクリスタルを用いてスクライングを始めた二人は、ある日ディーが言うところの“霊的会議”で“アベ（Ave）”という名の天使と交信することに成功した。この天使は二人に“エノク語”を教えた。ディーの日記には、エノク語は神が天地創造の際に用いた言葉で、のちにアダムが神や天使と交信するときに用いたと記されている。“エノク魔術”――精霊を呼び寄せる儀式魔術――は今もなおオカルト主義者によって実践されている。

しかし、スクライングは役に立つのか、そもそも現実にそのようなことができるのかどうか自体大きな議論の的である。オカルト主義者や超心理学者の主張によると、スクライングを行う者は未知の超能力を利用しているか、自身の無意識の心にアクセスしている可能性があるという。水晶球や鏡は超能力を集中させる役目をするが、それ自体に不思議なパワーが宿っているわけではない。ちょうど科学者が望遠鏡や顕微鏡を用いるのと同じように、水晶球や鏡はスクライングで得たビジョンを映し出す道具に過ぎないというのだ。

一方、懐疑論者は、スクライングを行う者は幻覚症状を起こしている可能性が高いと主張する。ビジョンは1個の物体を長時間集中して見続けた結果起こる感覚遮断が原因だという。いずれにせよ、残念なことにスクライングに対する世間の評価はかなり低い。新聞、雑誌、インターネット上で横行している金儲け目当ての運勢判断が影響しているようだ。

# 診断

## スクライング力診断テスト

**1. スクライングができる人は世の中にどれくらいいるのか？**

占い師の中にはスクライングができると主張する者は多いが、実際は少ない。

**2. この能力はどうすれば獲得できるのか？**

生得的な能力だが、訓練によって身につけることもできる。

**3. 何か前兆は？**

鮮明に覚えている夢やビジョン。

**4. 自分にも素質があるかどうかはどうすればわかるのか？**

自分の意志でトランス状態に入る力と、豊かな想像力。
この２つがあるかどうかだ。

**5. 用意するものは？**

水を張った容器、黒鏡、水晶球もしくはペンジュラム。

**6. 何か気を付ける点は？**

ジョン・ディー博士のように、超常現象に没頭しすぎないように注意すること（p.138を参照）。

# 方法

## スクライング用黒鏡の作り方

水を張ったボウルに黒のインクを数滴
たらすだけで簡単に黒鏡を作ることができる。
これで本物と同じ効果があり、
しかも安上がりだ。
一方、黒鏡の材質として最適なのが
オブシディアン（黒曜石）。
丹念に磨いたオブシディアンで作った
丸い鏡が理想的で、
ニューエイジのショップで手に入る。
オカルト主義者の間では、
オブシディアンは邪気を払って占い師を守護し、
ビジョンを映し出すのに最適とされている。
また、フリーマーケットで売っている
古い鏡で作ることもできる
（古いほど良いという占い師もいるほどだ）。
形は円形か楕円、
枠の色は月を連想させる銀が
好ましい。

鏡の表面にシミや傷があっても
ヒビ割れさえなければ問題ない。
大事なのは手に持った時の感触だ。
手のひらの中でしっくりくるものを選ぼう。
また、銀のピクチャーフレームを用いる手もある。
ガラスをはずして、
代わりに鏡をはめこむだけで
立派に仕上がる。
黒鏡を最初から作るには
時間と手間がかかるが、
それだけの価値はある。
黒鏡がふつうの鏡よりもすぐれているのは、
光を反射しにくいので
関係のない映像に惑わされることがないからだ。
肝心なのは
鏡に現れるビジョンをキャッチすることだ。
では、
次のページの手順に沿って作ってみよう。

# 黒鏡の作り方

**[1]**　古いフォトフレームからガラスのカバーを取りはずす。

**[2]**　ガラスをきれいに拭く。

**[3]**　片面に黒のエナメル塗料を塗る。耐久性の面からいうと油性が好ましい。完全に不透明になるまで2、3回上塗りする。

**[4]**　塗料が乾燥して固まるまで2、3日放置しておく。

**[5]**　完全に乾いたら、表面に付着した髪の毛、ほこり、糸くずなどを取り除く。

**[6]**　塗料を塗っていない面を外側に向けて、フレームにはめこむ。

**[7]**　これで立派な黒鏡の出来上がりだ。

## ワンポイントアドバイス

塗料がはがれないよう鏡にフェルトか織物をかけておこう。

ガラスは分厚いほどいい。

黒の代わりにコバルトブルーのエナメル塗料もお勧めだ。

塗料は光沢のある油性のエナメル塗料が最適。

*ガラスを扱うときはくれぐれも注意するように。

# 使い方

## 黒 鏡

**[1]** 部屋の明かりを暗くするかキャンドルを何本か立てる。これは鏡にいろんなものが反射しないようにするためである。また部屋を薄暗くすることで占いの雰囲気も出る*。

**[2]** 両足を床につけて座る。できるだけリラックスしよう。深呼吸や瞑想も心を落ち着けるのに有効だ。不安を感じながらスクライングをしてはいけない。

**[3]** 鏡に映った自分の姿が目に入らないよう、できれば鏡は斜めに置く。

**[4]** 鏡をじっとのぞき込んで、完全に意識を集中させる。ただし、無理やり何かをイメージしようとしないこと。

**[5]** しばらくすると、朝靄がたったように表面が曇ってくる。あるいは鏡が自分から遠ざかったり近づいてくるように感じることもある。これはあなたが無意識の心にアクセスしている兆である。

**[6]** やがてビジョンが突然目の前に広がる。最初は脈絡がないが、だんだんつながりが見えてくるはずだ。集中力が途切れないようにしながら、目にしたビジョンを覚えておこう。

**[7]** ビジョンが途絶えたら、2,3回深呼吸して部屋の中を見回し、スクライング前の意識状態に戻る。見たものはすべて記録しておこう。

**[8]** キャンドルを消して部屋の照明をつける。

**[9]** 最初からうまくいくのはむしろ例外で、ビジョンから何らかの洞察を得るには何度も繰り返す必要がある。

*キャンドルを灯したまま居眠りしないように注意。

# やり方

## ペンジュラム・スクライング

最も一般的な方法は、鎖のついたクリスタルをぶら下げて簡単な質問をすることである。揺れ方によって“イエス”または“ノー”を判定するのだが、そのためにはまずどちらの方向が“イエス”でどちらが“ノー”かを決めておく必要がある。簡単な方法としては、答えが“イエス”の質問を一つ用意し、ペンジュラムが揺れる方向を確認する。今度は答えが“ノー”の質問を用意し、揺れる方向をメモしておく。これで準備はオーケーだ。

**[1]**　リラックスして精神統一をはかる。最初は肩の力を抜いてやったほうがよい。

**[2]**　鎖を親指と人差し指でつまんで持つ。ペンジュラムの先端が人や物に触れないように注意する。

**[3]**　始める前に、手と腕をじっとさせてペンジュラムが静止するまで待つ。

**[4]**　ここ数日以内に答えがわかりそうな質問を一つ用意し、ペンジュラムに尋ねてみよう。例えば、スポーツの試合の結果、天気予報、今週自分の予定など。質問はできるだけ簡単にし、“イエス”、“ノー”で答えられるものに限る。

**[5]**　ペンジュラムが答えを示したらメモする。

**[6]**　後日、ペンジュラム・スクライングの結果と実際に起きた事を比べ、どれだけ当たっていたか確認する。

# アニマルESP

動物にも超感覚的知覚が備わっている可能性を示唆する事例は何世紀も前から報告されている。例えば、地震などの自然災害に対する予知能力（p.151）や、どんなに遠く離れていても飼い主の死を察知するペットの“超能力”などである。過去30年間、米国、ロシア、中国の研究者らはいわゆる“アニマルESP”の目撃証言の真偽を確かめようと研究を重ねてきたが、未だ明確な結論にはいたっていない。

アニマルESPの存在を示唆する有名なエピソードがある。これは第1次世界大戦中の1914年8月、フランスに従軍していた英国ノース・スタフォードシャー第1連隊のジェームズ・ブラウン兵卒の体験談である。11月27日、ブラウンのもとに妻から一通の手紙が届いた。それは愛犬のプリンス（アイリッシュ・テリア）が迷子になったことを知らせる手紙であった。しかし、心配は無用だった。愛犬プリンスはブラウンと一緒に塹壕の中にいたのだ。ブラウンの話によると、プリンスはイングランド南部から英国海峡を渡り、戦地のフランス内陸部を95㎞走破した末、やっと飼い主のいる前線の町アルマンチエールにたどり着いたという。プリンスは連隊に保護され、終戦まで兵士らと行動をともにした。

動物は超常現象にきわめて敏感に
反応するといわれる。

迷子になったり捨てられた動物が、数千kmも離れた飼い主の家に戻ってくる事例を、超心理学者は“サイ・トレーリング（psi trailing）”と呼ぶ。

アニマルESPを示唆するもう一つの有名な事例が、密航犬ヘクターに関する記録である。1922年4月20日の朝、蒸気船 Hanleyの船長ハロルド・キルドールはバンクーバーの波止場で一匹のテリア犬を目撃した。その犬は停泊中の4隻の船の周りを嗅ぎまわっていた。翌日、日本へ向けて出港したHanleyの甲板をその犬が歩き回っているのを見てキンドール船長は驚いた。3週間後、横浜で積み荷の材木を降ろす準備をしていたとき、オランダ船Simaloerが近づいてくると、犬は激しく吠えだした。さらに、オランダ船が1艘のボートを海に放つと、いまにも海に飛び込みそうな勢いで吠えながら跳ね回った。するとオランダ船の中から一人の男が大声で叫び、手を振り始めた。彼は2等航海士ウィレム・H・マンテという男で、実はヘクター（この犬の名前）の飼い主で、バンクーバーではぐれてしまったのだ。

この実話をもとに『Hector the Stowaway Dog（密航犬ヘクター物語）』（ケネス・ドッドソン著、1958）が出版され、1964年にはウォルト・ディズニー制作のテレビ映画『The Ballad of Hector the Stowaway Dog: Where the Heck Is Hector?（冒険の国　密航犬ヘクター物語）』が放映された。

左の写真：密航犬ヘクター。飼い主とはぐれたヘクターは、航海中飼い主の乗った船を嗅ぎつけた。

ナウモフの証言によると、
旧ソ連ではアニマルESPを研究する目的で、
残酷な動物実験が繰り返された。

超心理学者エドワード・ナウモフの証言によると、旧ソ連ではアニマルESPを研究する目的で残酷な動物実験が行われた時期があったという。例えば、生まれたばかりのウサギの赤ちゃんを母親から引き離し、原子力潜水艦に乗せて心電図や脳波計につなぐ。そのあいだ母親ウサギは陸地に移され脳波計につながれている。そして、あらかじめ決められた時刻に赤ちゃんを殺し、そのとき母親の脳波がどう変化するかを測定するというものだ。実験の結果、子どもを殺された瞬間、母親のストレスレベルが急上昇したことから、動物のESPは距離に関係なくはたらくことが判明したとしている。

英国の生化学者・植物生理学者のルパート・シェルドレイクは人間や動物の意識は脳内にとどまらないと考え、“形態形成場（もしくは形態共鳴）”理論を提唱してアニマルESPの仕組みを解説した。彼の説によると、形態形成場というのは形、パターン、秩序あるいは構造を持った場で、結晶や分子だけでなくすべての有機体の場を統合する。個々の植物や動物には独自の形態形成場が存在するが、人間の思考、経験、記憶は脳ではなく形態形成場に保存される。つまり、どんな人や動物でも記憶の場からいつでも情報を取りだすことができるというのだ。

一方、アニマルESPに関しては依然懐疑的な見方が強い。確証がないことと証拠の大半は科学的根拠に乏しい証言証拠だというのが主な理由である。

# 診断

## アニマルESP診断テスト

### 1. ESPを持つ動物の数はどのくらいいるのか？

多くの動物には何らかのESPが
備わっていると考えられる。

### 2. 動物たちはこのパワーをどうやって獲得するのか？

まだ解明されていない。

### 3. 何か前兆は？

飼い主の身に何か起こった場合、
取り乱したり突飛な行動にでることがある。
これは距離に関係しない。

### 4. 自分のペットにもESPが備わっているかどうかはどうすればわかるのか？

動物の中には人間よりも先に
危険を察知したり、数百km離れた
家に戻ることができる動物もいる。
このような能力があるかどうかは
普段の様子から推測できる。

### 5. 用意するものは？

ペットとペットの好物（褒美）。

### 6. 何か気を付ける点は？

とくにない。
たくさんの動物と友達になるのは
いいことだ。

# テスト

## あなたのペットのESPを診断する

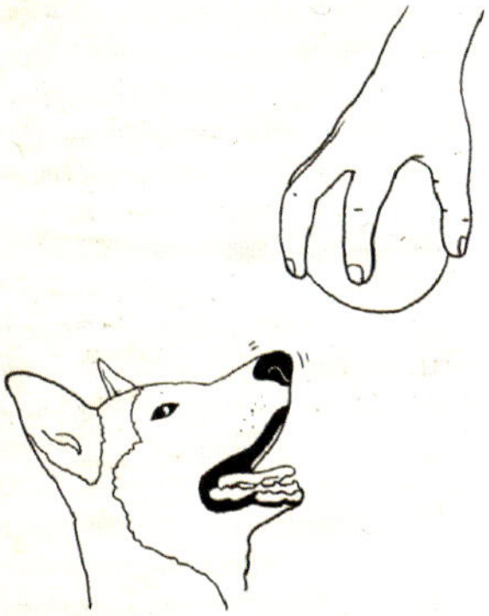

**[1]** ペットの好物を目と鼻の先に持っていく。ただし、じらすだけで与えてはいけない。

**[2]** ペットを家に残し、好物を持って散歩に出かける。

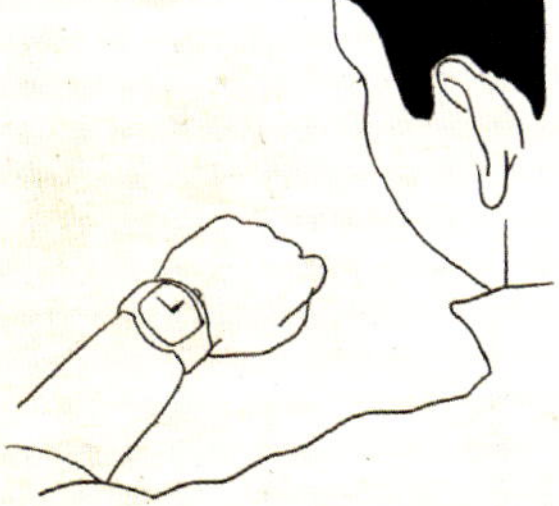

**[3]** 留守中のペットの行動を記録するよう友人に依頼する。ペットが窓の外を覗いたり、玄関に人の気配がないか確かめに行った時刻を正確に記録してもらう。

**[4]** 散歩中はペットのことは考えないようにする。しばらくたって家に帰ろうと決めたら、その瞬間からあなたがペットに好物を与えている場面を想像しよう。家に帰ろうと決めた時刻をメモしておくこと。

**[5]** 帰宅したら友人のメモと照合する。あなたが家に帰ろうと決めた時刻とペットが窓の外を覗いたり、玄関に人の気配がないか確かめに行った時刻は一致していただろうか？

# テスト

## あなたのペットは危険を察知できるだろうか？

**[1]**　あなたとペットは別々の部屋に陣取る。

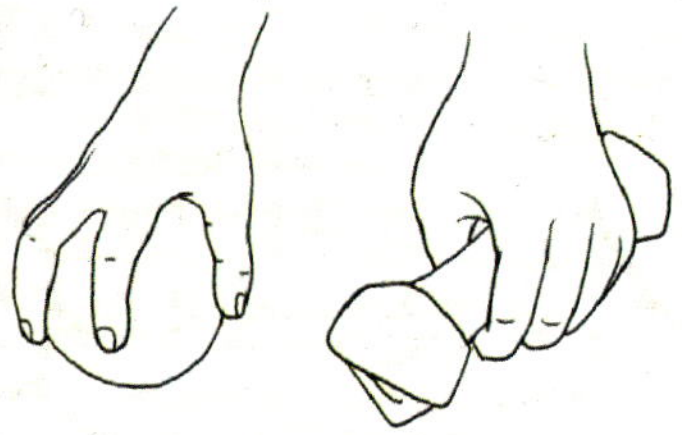

**[2]**　ペットの好物を2種類用意し、そのうちの一つを手に持つ。それはひどい味で毒を含んでいることをイメージし、できるだけネガティブな連想を膨らませる。

**[3]**　これを食べたあなたのペットが病気になったところを想像する。

**[4]**　もう一つの好物はそのままにしておく。

**[5]**　どちらが“毒入りの好物”だったか再確認してから、ペットが待つ部屋に向かう。

**[6]**　ペットの前に好物を2つ並べる。あなたがそのうちの一つに込めたネガティブなイメージをペットが察知するかどうかチェックしてみよう。

事例研究

# 動物は地震を予知できるか？

アテネの西方約150㎞に位置するコリント湾。その南岸にある古代都市ヘリケは青銅器時代初期（紀元前2600-2300）に栄えた町だ。紀元前373年の冬のある晩、空に“巨大な火柱”が立ち、巨大地震と10mもの津波が一気に押し寄せた。沿岸部はまたたく間に水没し、人や建物は津波に呑み込まれ、ヘリケは壊滅した。さて、この大地震を動物は予知できたのだろうか？

古代都市ヘリケの周辺はヨーロッパ有数の火山活動が活発な地域だ。1995年6月には震度6.2の地震が

ヘリケが壊滅する日の５日前から動物たちは
危険を察知していた。
ネズミ、テン、ヘビ、ムカデ、カブトムシなどが
大挙してケリネイアへ逃げ出した。
この大移動にヘリケの人々は驚いたが、
残念ながらその理由に気づいた者はいなかった。
動物たちが逃げ去った後、巨大地震と津波が襲い、
港に停泊していたスパルタ船５隻もろとも、
町はあっという間に壊滅した。

『動物の特性について第11巻19章』アエリアヌス（175頃-235）

## 事例研究

上の写真：**動物は環境の変化をキャッチし、危険を察知することができるのだろうか？**

発生。港町エギオンでは10人が亡くなり、エリキではホテルが倒壊し16人が死亡した。米国の天体物理学者、スティーブン・ソーテール博士はこの地震の直前に観察された不思議な現象を収集・分析した結果、ヘリケを襲ったあの大地震と幾つか共通点があることを発見した。例えば、実際には吹いていない強風の音がしたり、犬が狂ったように吠えたり、地下で爆発が起きたり、空に奇妙な赤い光や火の玉が出現した。また、タコが異常発生したという漁師の証言や、地震前夜には道路に大量のネズミの死骸が散乱していたという報告もある。山に逃れようとする途中、車にはねられたと見られる。

1960年2月、モロッコのアガディールを襲った大地震は人口の3分の一にあたる15,000人の命を奪った。地震発生の24時間前、動物が町から大挙して逃げ出すところが目撃されている。1975年2月、中国の海城でマグニチュード7.3の地震が発生したが、このときは前日に避難勧告が発令されたおかげで大惨事を免れた。海抜や地下水位の変化、前震、真冬にもかかわらずヘビが冬眠から出てくるなど各地から寄せられた動物の奇妙な行動に関する情報をもとに、中国当局は史上初めて地震の予知に成功したのである。

動物の奇妙な行動は2004年12月26日にインド洋で発生したマグニチュード9.15という超巨大地震のときも報告されている。このときは大津波がスリランカ、インド南部、タイを襲った。数万人が死亡したスリランカでは津波の到来を予知した動物が安全な場所に避難したとされる。こうした事例は、動物は“第六感”で自然災害を予知できることを示唆しているのだろうか？

動物の第六感を調査するある実験が1977年に始まった。米国地質学調査研究所によるその実験はロサンジェルス北東の砂漠地帯にあるパームデール・バルジで行われた。一匹のカンガルーネズミとポケットネズミをそれぞれ地上の檻の中と地面を掘った穴にわけて閉じ込め、地震前にどんな反応を見せるかを電子モニターで監視した。研究者が

上の写真：**動物はレイリー波を感知することができると主張する動物学者もいる。**

この場所を選んだのは、地震が頻繁に発生する地域だからである。事実1979年には連続した地震が発生し、中には20秒近く続いた余震もあった。ところが、研究者の期待に反して、地震発生前ネズミにはとくに変わった様子は見られなかった。

しかしたとえ動物が地震を予知できたとしても、そのことをどうやって科学的に証明できるのだろうか？動物学者の中には、動物は地震によって地球表面を伝わるレイリー波を感知することができる、という意見もある。

また、動物は人間の耳では聞こえない音波や電磁場現象に反応するという説もある。さらに、動物には環境の微妙な変化をキャッチする能力が備わっていて、それが奇妙な行動へと駆り立てるとする説もある。だが、これをESPと呼べるのだろうか？

動物の予知能力を示す証拠の信憑性については議論があり、地質学者や地震学者の多くは懐疑的な立場をとる。彼らが疑問視するのは、“事実”とされる証拠の大半は単なる目撃証言に過ぎないという点である。さらに、動物の奇妙な行動に関する目撃証言が地震発生後に出てくるのは“心理的な集束効果”によるものであるという意見もある。つまり、（心理学的にいうと）人間は地震などの大災害が発生した後で初めて奇妙な出来事を思い出す傾向があり、もし地震が起こらなかったら動物の奇妙な行動など誰も覚えていない、というのである。

**下記も参照**

**超感覚的知覚（ESP）　p.17-21**

**アニマルESP　p.145-150**

# 精神の力

## MIND OVER MATTER

本章では精神の力で物体を動かす超能力について見ていくことにしよう。
この分野で著名な人物といえばユリ・ゲラーである。
念力でスプーンを曲げ聴衆をあっと言わせたのは記憶に新しい。

# サイコキネシス

一般にPKという略字で表現するサイコキネシス（念力）は、精神の力だけで物体を操作する超能力を意味する。サイコキネシスには、交霊会で見られる物質化現象（霊媒術p.67-72を参照）、スプーン曲げ、ポルターガイスト現象（ひとりでに動き出す物体、電気系統の故障、自然発火）などが含まれる。超心理学者によると、サイコキネシスは2種類に分類される。ひとつは肉眼で確認できるマクロレベルの現象、もう一つは肉眼では確認できないミクロレベルの現象である。ミクロレベルの現象の場合、サイコキネシスを目に見えるかたちで証明するには乱数発生器などを用いた統計テストが不可欠である。

サイコキネシスは古代の文献に登場する。例えば、ホメロスの作品に登場するギリシャ神は様々なサイコキネシスを操り、聖書にも空中浮揚、奇跡のヒーリング、“アポート”などの描写が散見される。

1890年ロシアの超能力研究者アレクサンダー・アクサーコフ（1832-1903）は、念じることで遠くの物体を動かすことのできる能力を“テレキネシス”と呼んだ。そして、1914年米国の作家で出版業者のヘンリー・ホルト（1840-1926）が『On the Cosmic Relations』の中で“サイコキネシス”という言葉を初

アレクサンダー・アクサーコフ。
ロシアの心霊主義者で超能力研究に実績を残した。

左の写真：超能力研究者J・B・ライン
上の写真：ヘルムート・シュミットが
サイコキネシス実験用に開発した乱数発生器。

めて使った。しかし、この言葉が世間に注目されだしたのは1934年にデューク大学のジョセフ・B・ラインが用いるようになってからのことだ。

ラインは被験者がサイコキネシスを使って自分の思い通りにサイコロの目をだせるかどうかを調べた。実験では人間の潜在意識による影響を排除するために、サイコロを振る特注の機械を用いた。結果的に、実験参加者は偶然の確率をゆうに上回る値で思い通りの目をだすことができたという。しかしその一方で、当初から実験の統制条件や再現性に問題があるとしてラインの研究成果を疑問視する声が多かった。

1960年代になるとラインの研究を引き継ぐかたちでテキサス州サンアントニオのマインド-サイエンス研究財団のヘルムート・シュミット博士が乱数発生器を使用して2種類の実験を行った。ひとつは被験者の念が放射性崩壊の予測不可能性に影響を与えるかどうかを調べる実験であった。もし影響を与えることができれば、放射性崩壊はもはや偶然に左右されなくなると考えたのである。もう一つは、4つの電灯のうちどれにスイッチが入るかを予測する簡単な実験だ。両方とも、結果は偶然の確率をはるかに上回ったという。

サイコキネシスの分野で最も有名な人物といえばイスラエルのユリ・ゲラーが挙げられる。1970年代、彼を一躍有名にしたのはテレビ番組で見せた念力によるスプーン曲げと、視聴者の壊れた時計を直す離れ業だ。彼は科学的実験にも協力している。1973年と74年にメリーランド州シルバー・スプリングの海軍地上兵器センターのエルドン・バード博士が行った実験では、13cmのニチノールの針金をわ

ずか数分で変形させた。ニチノールは相当高温の熱を加えないと曲がらない素材だが、ユリ・ゲラーは両端を撫でただけで曲げてしまったのだ。懐疑論者のマーティン・ガードナーは偽装であると疑ったが証明することはできなかった。また、ユリ・ゲラーは1989年と97年に念力でロンドンの時計塔ビッグベンを止めたと主張し物議をかもした。これに関しては、時計が止まったのは異常な暑さが原因だというのが専門家の見方だ。

“超能力者”ユリ・ゲラーには当然ながら敵が多い。マジシャンで懐疑論者のジェームズ・ランディはすべてはトリックを使った偽装であると主張する。ジェラード・フレミングは統制条件の下で“超能力でスプーンを曲げることができたら、25万ポンド提供すると申し出たが、ユリ・ゲラーは拒否した。

上の写真：ユリ・ゲラー。
地球外生命体から超能力を授かったという。

われわれがサイコキネシスを現実のものとして受け入れ難いのは、科学的研究が19世紀半ばから続いているにもかかわらず、いっこうにその全容が明らかにならず、存在を裏付ける科学的証拠がないからだ。証拠が得られないのはそもそもサイコキネシスは物理学の法則に反するからだ、と科学者はいう。また、実験室で何度も再現できることが証明されない限り懐疑的な見方は消えないであろう。

# ポルターガイスト

ドイツ語の“ポルターガイスト”は“騒がしい霊”という意味だ。ポルターガイストというと幽霊や幽霊屋敷を連想する人が多いが、実は自称超能力者が引き起こしている場合が多い。超心理学者はポルターガイストの代わりに“回帰性偶発的念動作用（RSPK）”という表現を使う。

ポルターガイスト現象には次のようなものがある。物が勝手に動いたり壁にぶち当たる。ドアや窓がひとりでに開閉する。物音がする。例えば、人の声、うめき声、叫び声、爆破音、衝突音、ラップ音、ドスンという音、ひっかく音、床、ドア、壁、階段をノックする音など。ベッドが揺れる。食器類が割れる。服がやぶれる。石、岩、泥などが飛んでくる。異臭や不審火、ボヤが発生する。床に水たまりができる。電気器具が故障する。電話のベルが鳴る。突如物体が現れる（アポート）。幽霊が現れたり、何者かに攻撃される――。このうち最初の兆候として最も多いのが石である。家じゅうに石やレンガが飛び交い、これが数日間、ひどいときは数週間もつづくという。

## ポルターガイストの歴史

ポルターガイスト現象は世界中で記録されており、共通の特徴が見られる。1世紀、ユダヤの歴史家ヨセフスが描写した“憑依”は今日でいうところのポルターガイスト現象だと推測される。またグリム兄弟の兄ヤーコブは『Deutsche Mythologie（ドイツ神話学）』で数々のポルターガイスト現象に触れている。そのうちの一つが355年ライン川に臨む町ビンゲンで起きた出来事だ。その年、町じゅうの家では石が飛び交い、人々はベッドから引きずり出され、

左の写真：**懐疑論者によると、ポルターガイスト現象は静電気、電磁場、イオン化空気などが原因であるという。**

エンフィールドのポルターガイストでは
セーターが破れた。

ラップ現象や騒音がたびたび起きたという。一方、ウェールズの歴史家・聖職者ジラルドゥス・カンブレンシスは『Itinerarium Cambriae（ウェールズ旅行記）』（1191）の中でペンブルックシアを説教旅行した際に遭遇したある出来事について述べている。それによると“不潔な霊”が石や物を投げつけ、服を引き裂き、おまけにその場にいた人々の秘密まで暴露したという。中世の年代記にはこうした記述が至るところに登場する。

だが、問題は中世の年代記に登場するポルターガイスト現象を“史実”と認定することはできないということだ。そこに登場する神のお告げ、不思議な事象、奇跡の物語はたいてい“現実に起こったこと”ではないからだ。

歴史的に最も有名なポルターガイスト現象といえば1661年イングランドで起きた“テッドワースの幽霊ドラマー”だ。この事件では、牢屋に入れられていた物乞いのドラムがひとりでに演奏を始め、椅子が飛び交ったり、召使のベッドが宙に浮いたり、引っ掻く大きな音が聞こえたという記録が残っている。また1817年テネシー州のある農場で起きた怖ろしい出来事は“ベルの魔女狩り”として知られている。ベルの魔女はケイト・バッツという女性の霊だというのが通説だ。ケイト・バッツは農場主のジョン・ベルの元隣人で、土地の所有権をめぐってジョン・ベルと争っていた。奇妙な動物の霊が現れたり、口笛や声だけがどこからか聞こえてきたり、大きな笑い声や歌声が聞こえたり、ときには農場で働く人々への悪意に満ちた攻撃がつづいたという。結局ジョン・ベルもこの不可解な現象がもとで亡くなったとされる。

## エンフィールドのポルターガイストとマッケンジーのポルターガイスト

エンフィールドのポルターガイストは1977年、ロンドン北部の公営住宅で起こった。床をすべるように動く家具、壁をノックする音、不審火、床にできた水たまり、冷たい風、家人への襲撃、落書き、電気器具の故障、そして家の中を飛び交うさまざまな物――。こうした不可解な現象が立て続けに起きたのだ。

一方、マッケンジーのポルターガイスト現象は、1999年エジンバラのグレーフライアーズ教会墓地で起きた。ことのおこりはホームレスの男がサー・ジョージ・マッケンジーの墓で一夜を過ごしたときに、あやまって棺を傷つけてしまったことだ。サー・ジョージ・マッケンジーはスコットランド長老派信徒に対する迫害を主導した人物で1691年に亡くなっている。ホームレスの男は怯えきった様子で叫びながら墓から逃げ去り、警察に保護されたときは半狂乱状態だったという。それ以来、教会墓地と周辺では奇妙な現象が起き始めた。近隣の住宅では家の中で物が飛び交ったり、食器が割れた。また、墓地を訪れた人々は異常な暑さや寒さを感じたり、目に見えない何者かに首を絞められたり、コートの襟を乱暴につかまれ、ひどいときは殴られて気を失うこともあったという。地元では二度にわたって悪霊払いをしたが効果はなかったという。

## ポルターガイストの正体

超心理学者は長年ポルターガイスト現象の解明に取り組んできた。偽装や誇張であるという批判は別にして、ポルターガイストは10代の少女の無意識の心が招いた現象だとする説が今のところ最も有力だ。すなわち、精神的に問題を抱えた少女がサイコキネシスで無意識に物を動かしたことが原因だというのだ。しかし、特に問題を抱えた者がいない家庭や、10代の子どもがいない家でもポルターガイスト現象が起きている点については説明がつかない。そもそも問題を抱えた10代の子どもは世界中に何百万人といるはずだ。彼らが原因だとはとうてい考えられない。

また、ポルターガイスト現象は"霊的存在"の仕業だとする説もある。問題を抱える子どもたちの負のエネルギーを食べて増殖した霊が霊障を引き起こすというのだ。しかし、もしそうだとすると、こうした不可解な現象を科学的に調査することはできないことになってしまう。もっともエンフィールドのポルターガイストでは"霊の声"を録音したテープが残っているという。しかし、ポルターガイストと呼ばれる怪奇現象がただの誇張や作り話であることが判明すれば、それ以上の説明は不要だ。

英国ミッドランドの調査団体パラサーチによると、これまで調査したポルターガイスト現象のうち少なくとも一件は電磁干渉（EMI）が原因だという。さらに、状況証拠から判断すると他の事例に関しても電磁干渉で説明がつく可能性があるとしている。

# 診断

## サイコキネシス診断テスト

### 1．サイコキネシスの持ち主は世の中にどのくらいいるのか？

19世紀後半心霊主義が盛んだった頃、
物理的霊媒の中にはこのパワーを持つと
主張する者がたくさんいた。
現代ではマシュー・マニングや
ユリ・ゲラーが有名だ。

### 2．この能力はどうすれば獲得できるのか？

自然発生的もしくは遺伝的に獲得するようだ。
ロシアの超能力者ニーナ・クラギナのように
母親から受け継いだ例もある
（p.165を参照）。

### 3．何か前兆は？

サイコキネシスの持ち主の家で
ポルターガイスト現象が起こる場合がある。
ポルターガイスト現象はサイコキネシスが
コントロールが利かなくなった状態である
という説もある。

### 4．自分にもサイコキネシスの素質があるどうかはどうすればわかるのか？

もし、念じるだけで
物体を動かすことができるとすれば、
すでにこの能力が備わっている証拠だ。
うまくコントロールしながら使うことを覚えれば
自分や人のために役立てることができる。

### 5．用意するものは？

乱数発生器のインターネット版。
それにスプーンとガラス板を一つずつ。

### 6．何か気を付ける点は？

実験に集中しすぎると精神疲労を起こすので、
適宜休憩をはさむこと。

# テスト

## 乱数発生器

最近ではインターネット版の乱数発生器――規則性を持たずに0と1を出現させる装置――を用いたサイコキネシスの実験が可能になった。0と1が出現する確率は50%ずつのはずだが、この実験では参加者は数字の1ができるだけ多く出るよう心の中で念じる。そして実験終了後、確率が50%とどの程度開きがあったかを記録する。0と1の出現比率の差が大きければ大きいほど、参加者の念が乱数発生器に影響を及ぼしたという仮説が成り立つ。

## ガラス板に置いたスプーンテスト

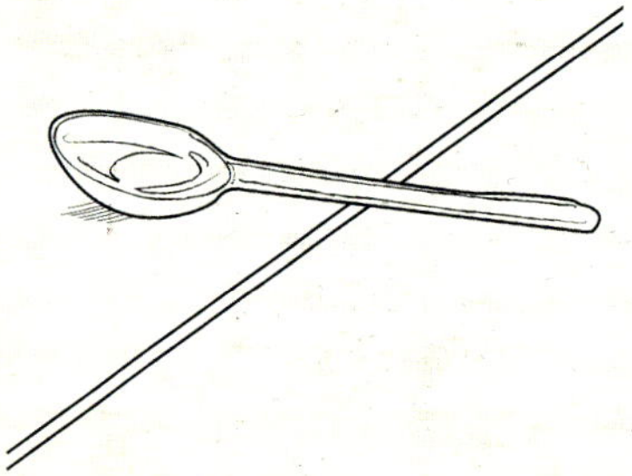

**[1]**　ごくふつうの金属製のスプーンをコーヒーテーブルなどのガラスの天板の端に置く。

**[2]**　指先に意識を集中させ、指先から強いエネルギーが出ている場面を想像する。集中すればするほどエネルギーは益々パワフルになっていく様子をイメージする。

**[3]**　5本の指先をスプーンの柄に近づける。ただし、直接触れないように。指先から出たエネルギーによってスプーンがわずかに下に傾く様子をイメージする。

**[4]**　今度は逆に指先を遠ざけて、スプーンが元の位置に戻る様子をイメージする。これを何度か繰り返す。

**[5]**　スプーンに手をかざして**[3]**と**[4]**の動作を集中して繰り返すことでスプーンが上下に揺れ始め、最後には床に落ちる。

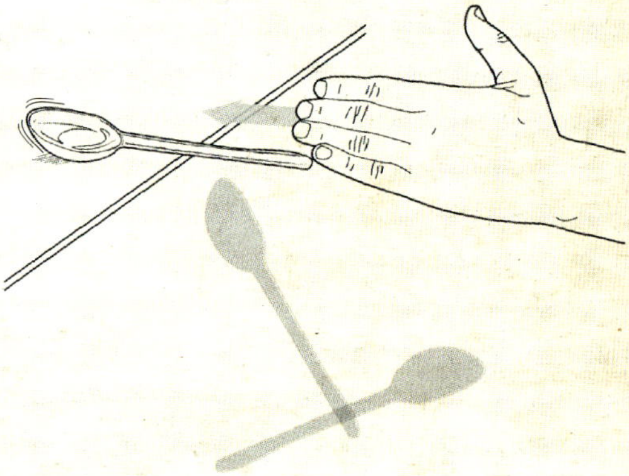

事例研究

# ニーナ・クラギナ

1960年代後半から90年にかけて活躍したロシアの“超能力者”ニーナ・クラギナのサイコキネシスは国内の著名な科学者も本物であると認める。サイコキネシスを操っている現場も何度も撮影されている。しかし、クラギナの言動は以前から物議をかもし、懐疑論者は映像や実験から判断してクラギナの超能力は偽装だと批判する。

クラギナは若いころから自分の“超能力”に気づいていた。ある日のこと、すごく腹を立てていたとき台所の戸棚に置いてあった水差しがひとりでに動き、床に落ちて粉々に砕け散った。それ以来、アパートの中で電気が勝手についたり消えたり、家具調度類が動き出したりといった奇妙な現象が起き始めた。一見ポルターガイスト現象に似ていたが、実は自分の超能力が原因であり、それをコントロールできることに気づいた。

クラギナが得意としたのはテーブルの上でマッチ箱やワイングラスを触らずに動かすことだ。ただし、いつでもすぐにというわけにはいかない。サイコキネシスを使うには自分なりのやり方で時間をかけて準備することが必要だと彼女は言う。そのために第三者が勝手に準備するのを嫌った。サイコキネシスを使うには雑念を払って集中することが大事で、集中できると背骨のあたりが急に痛んで、視界がぼやけてくるという。そして完全に集中できたところで、マッチ棒、万年筆、羅針盤の針などを動かしにかかる。

超能力者クラギナの噂が国際通信社を通じて西洋に伝わり始めたのは1968年の春である。同年モスクワで開かれた超心理学国際会議で、クラギナが手を使わずに物体を移動させる様子を収めた映像が初めて上映された。そこに参加していた

## ニーナ・クラギナ

欧米の科学者も短時間ではあるが霊媒との面会やクラギナの姿をじかに目にすることを許された。さらに、クラギナの能力に関して旧ソ連の科学者が作成した報告書を見分する機会も与えられた。1970年、超常現象を調査するために旧ソ連を訪れていたウィリアム・A・マクギャリーは、あるセッションで、クラギナがダイニングテーブルの上で結婚指輪や薬味入れの蓋を動かすのを見たと報告している。

　また、同じセッションに参加していた米バージニア大学のゲイザー・プラットはクラギナは様々な材質、形、大きさの物体を手を触れずに動かしたと報告している。物体の動きはゆっくりしているが、時折、急に動き出すこともあったという。また実験の前に磁石や紐を隠し持っていないか入念なチェックが行われ、ビデオを見た限り怪しい点はなかったという。

　著名な物理学者らが計画したある実験では、大きなプレキシグラスの容器にマッチ棒などの磁気を帯びていない物が何種類か入れられた。これはクラギナは風の力や紐、針金などを用いたトリックを使っているという懐疑論者の批判をかわすための措置だ。実験本番では、クラギナが容器から2、3センチ離れたところで手を動かすと、中の物体はまるでダンスを踊るかのように動きだした。また、別の実験ではピンポン玉が空中に浮かんでテーブルに落ちる様子や、部屋の中や庭で物体が回転したり様々な方向に動く様子が記録されている。

　こうした実験はすべて撮影されたが、残念なことに、いずれも画像が暗く不鮮明なうえに、実験場所、参加者、トリック防止策に関する情報が一切ない。実験

左の写真：**クラギナは統制条件の下で数々の実験に参加し超能力を証明した。**

の報告書はいったいどこに消えたのだろうか？

1970年3月10日、レニングラードで一風変わった実験が行われた。目的はクラギナのパワーが生体の細胞組織や臓器にまで影響を及ぼすかどうかを調べることにあった。具体的には、カエルの心臓をいったん停止させ、また元に戻すという実験だ。カエルの心臓に全神経を集中させたクラギナは、まず心拍数を徐々に上げていき、それから段々ペースを落とし、最後には完全に停止させることに成功したのだ。さらにこの実験にはオマケがある。クラギナのパワーはカエルだけでなく人間の心臓にも影響を及ぼすことがわかったのだ。日頃クラギナを目の敵《かたき》にしていたレニングラードの精神科医はそのことを身を持って知らされたのである。

具体的証拠はないものの、クラギナのサイコキネシスはすべて偽装であり、旧ソ連当局が誇張していたことは間違いないと懐疑論者は主張する。その理由の一つに冷戦時代米国との心理戦争でクラギナの特殊な能力がプロパガンダとして利用された点を挙げる。また、科学関係の学会誌にクラギナをはじめ超能力者を研究対象にした論文が一本も掲載されていないということは、実験自体がでっちあげか、少なくともマスコミ報道とは異なる可能性が高いという。

クラギナは超能力を使いすぎたために健康を害し、1970年の後半には心臓発作を起こし、一時は生命の危険にさらされた。仕事の量を減らすよう医師に忠告されたが、それでも実験をつづけ、ソビエト連邦の崩壊とちょうど同じ頃の1990年に亡くなった。

**下記も参照**

ポルターガイスト　p.160-162

サイコキネシス　p.157-164

# 心霊治療

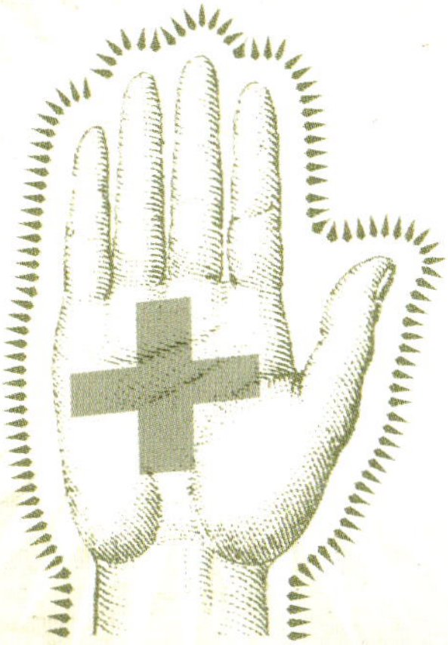

心霊治療とは通常の医療行為によらずに有益な生化学的変化をもたらすプロセスのことだ。本章では心霊治療の中でも最も物議をかもしてきた心霊手術に焦点を当てる。“心霊外科医”は麻酔や消毒を使わずに手術を行うが、患者はまったく痛みを感じない。彼らは素手で患部を切開し、体内から病巣を取り出す。傷口は自然にふさがり、患者は完全に回復する。

上の写真：心霊外科医のトニー・アグパオア
左の写真：ブラジルの心霊外科医エジバウド・シルバ

心霊手術は1940年代と50年代、フィリピンとブラジルの心霊主義者の間で広まった。今も何千人という患者が奇跡の治療法を求めてフィリピンを訪れるが、その多くは西洋医学に見放された人たちだ。フィリピンでは心霊手術はビッグビジネスである。首都マニラだけでも現在“開業医”は何百人といる。ただし、手術室はたいていホテルの一室だ。フィリピンで最も有名な心霊外科医といえばトニー・アグパオア（1939-1982）だ。1967年米国で詐欺罪で起訴されたが、1970年代初め頃にはすでに巨万の富を築いていた。しかし、1973年には患者の体内から取り出したという腎臓結石が、実は軽石だったことがイタリアのテレビ局取材班によって

アグパオアが患者の体内から取り出したという腎臓結石は実は軽石だったことが発覚した。

暴かれた。懐疑論者のジェームズ・ランディは著書『Flim-Flam!』で、アグパオアが盲腸の手術を受けたのはフィリピンではなく、サンフランシスコの病院だったと皮肉っている。

さらにもう一人フィリピンで有名な治療師にアレックス・オルビートがいる。“世界最高の心霊外科医”の異名を持ち、シャーリー・マクレーンやサウジの王室のメンバーなど著名人の治療にあたってきたことからマスコミの注目を集めた。

1984年3月、米国のコメディアン、アンディ・カウフマンは肺がんと診断された後、心霊手術を受けるためフィリピンに渡り6週間の治療を受けた。手術を担当したジュン・ラボはカウフマンの体内からがん細胞を摘出したと主張したが、カウフマンは同年5月16日に死亡。死因はガンが転移したことによる腎不全だった。

1950年代、ブラジルはアリゴー（本名ホセ・ペドロ・デ・フレイタス、p.174を参照）をはじめ著名な心霊外科医を輩出した。彼らの多くはアラン・カルデック（イポリット・レオン・ドゥニザール・リバイユ）が1857年に始めた心霊主義運動に影響を受けた人々だ。

当時、心霊外科医の多くは生前医師だった霊の指示で手術をしていると主張した。アリゴーに憑依していたのはドイツの医師フリッツ博士の霊だといわれている。アリゴーが1971年に亡くなると、博士はオスカール・ヴィルドとエディバルド・ヴィルドの兄弟、それにレシフェ出身の婦人科医エドソン・ケイロスに憑依した。その後ヴィルド兄弟は交通事故で死亡、ケイロスは1991年に刺殺された。現在、フリッツ博士のチャネラーを自称しているのはルーベンス・ファリアス・ジュニアだ。元サンパウロのエンジニア兼コンピュータ・プログラマーで、いずれ非業の死を遂げることになるとフリッツ博士に予言されている。

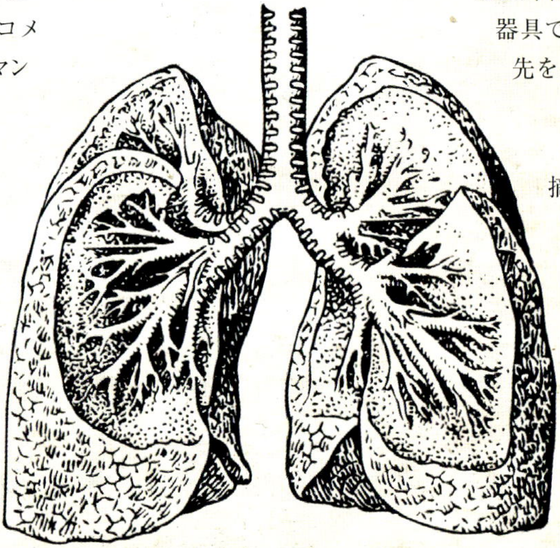

心霊外科医は素手とごく簡単な器具で手術を行う。患部に指先を当て、体内に手を突っ込む。血が噴き出した後、外科医は体内から摘出した病巣を患者に見せ、患部を洗浄すれば手術は終わりだ。手術中、患者は痛みを感じることはなく、皮膚の表面に傷跡が残ることもない。

当然のことながら医学界は批判的だ。

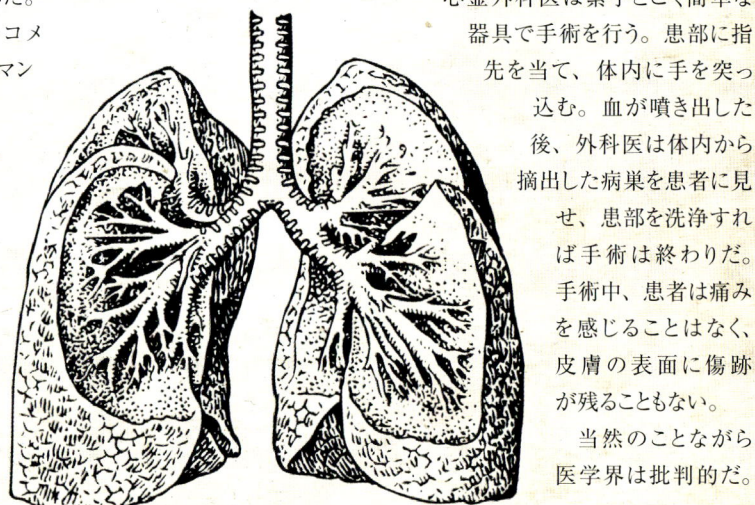

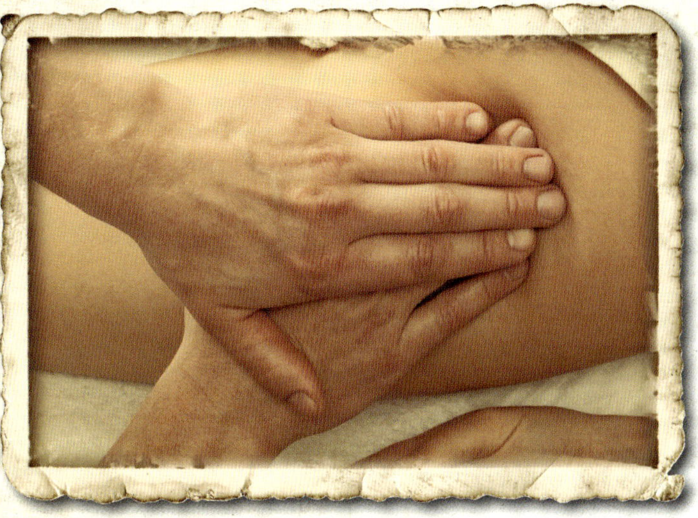

多くの国では心霊手術は医療詐欺であると
非難されている。

心霊手術は完全な偽装であり、重病に侵されている患者を糠喜びさせる無責任極まりない行為であると非難する。偽装を暴くことに執念を燃やす懐疑論者のジェームズ・ランディによると、心霊外科医の手が実際に患者の皮膚を突き破って体内に入るなどあり得ないという。ランディによると彼らの手口はこうだ。まず患者のたるんだ皮膚をつかむ。次に握りこぶしの中か手術台の下に隠し持った血のついた動物の細胞組織をあたかも体内から摘出した病巣であるかのように見せかける。また、あらかじめ動物の血を入れた小さな風船を手の中に忍ばせておき、タイミングを見計らって風船を割る。こうすることであたかも傷口から出血したように見せかけるのだという。

1975年、米連邦取引委員会は心霊手術を“完全な捏造”であると糾弾。1990年には米国がん協会が“心霊手術”により“客観的に見て病状が改善した”証拠はないと宣言した。また、米連邦取引委員会で証言した二名の心霊外科医によると、患者の体内から摘出したとされるのは、ほとんどの場合動物の組織細胞と凝固した血液だという。

しかし一番大きな問題は、患者が心霊手術を妄信するあまり適切な治療を拒み、それが命取りになるケースがあることだ。だが、単なるトリックだという批判がある一方で、心霊手術を受けて病気が治ったという患者が大勢いることも事実である。しかしこの点については、プラシーボ効果によるところが大きいと考えられる。すなわち“手術”の成功は心理的な暗示による効果であると考えるのが妥当なようだ。

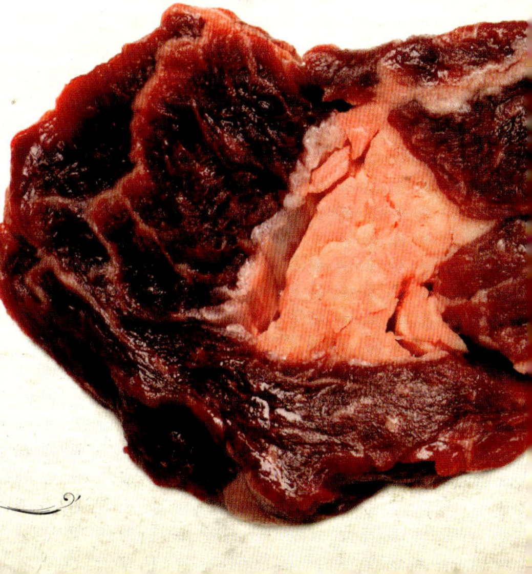

# 診断

## 心霊治療診断テスト

**1. 心霊治療のできる人たちは世の中にどれくらいいるのか？**

フィリピンとブラジル以外ではほとんどいない。

**2. この能力はどうすれば獲得できるのか？**

アリゴーをはじめ心霊外科医の多くは、亡くなった医師の霊からこの能力を授かったという。

**3. 何か前兆は？**

何者かに憑依された感覚。

**4. 自分にも心霊治療師としての素質があるかどうかはどうすればわかるのか？**

生得的能力なので、学んで身につくものではない。

**5. 用意するものは？**

とくにない。

**6. 何か気を付ける点は？**

患者が心霊手術を妄信するあまり、適切な治療を受ける機会を逸してしまい、その結果死に至るケースがある。

# テスト

## 心霊外科医を検証する

心霊外科医が本物かどうかを検証するための手順

【1】 心霊外科医は手術中、第三者が手術台の周りを自由に歩き回ることを許可しなければならない。

【2】 心霊外科医は、テーブルの下や周囲に医療器具や小道具が隠されていないかどうか、第三者が調べるのを拒んではいけない。

【3】 心霊外科医は患者の体に触れる前に、手に何も持っていないことを第三者に見せなければならない。施術を始める前は何も触ってはいけない。

【4】 前後・左右から手術の様子をビデオ撮影する。

【5】 撮影したビデオは後で医師免許を持つドクターが見て、偽装がないかどうか調べる。

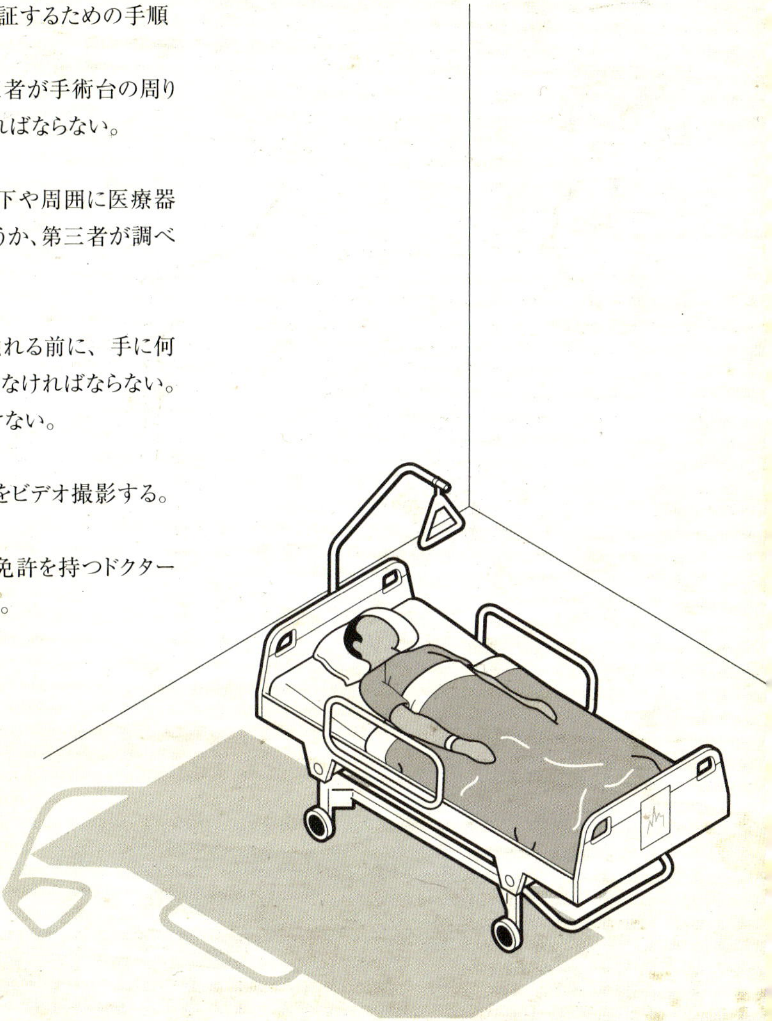

## 事例研究

# ホセ・アリゴー

上の写真：**1964年、裁判にかけられたホセ・アリゴー**

アリゴー（本名：ホセ・ペドロ・デ・フレイタス）は世界的に有名な心霊外科医の一人だ。1921年ブラジルのミナスジェライスの貧しい家庭に生まれ、14歳のとき鉱山で働き始めた。30歳頃から原因不明のうつ病、激しい頭痛、悪夢、夢遊病、幻覚症状などに悩まされていた彼は、ある日、オリベラという地元の心霊主義者のもとを訪ねた。そこでアリゴーは、不調の原因は霊の仕業であることを告げられた。その後ある事件がきっかけで、オリベラの言うことが正しかったことが証明される。

1950年のある日、ビッテンコート議員はアリゴーと彼の仕事仲間をベロオリゾンテの集会に招いた。その晩アリゴーは議員と同じホテルに泊まっていた。実はビッテンコート議員はがんに侵されていたのだ。一刻も早い治療を必要としており、集会が終わり次第、米国に渡って手術を受けることになっていた。ところがその夜、カミソリを手にしたアリゴーがトランス状態でビッテンコート議員の部屋に入ってきた。その姿を見た議員は恐ろしさのあまり気を失ってしまった。翌朝目が覚めてみると、パジャマは切

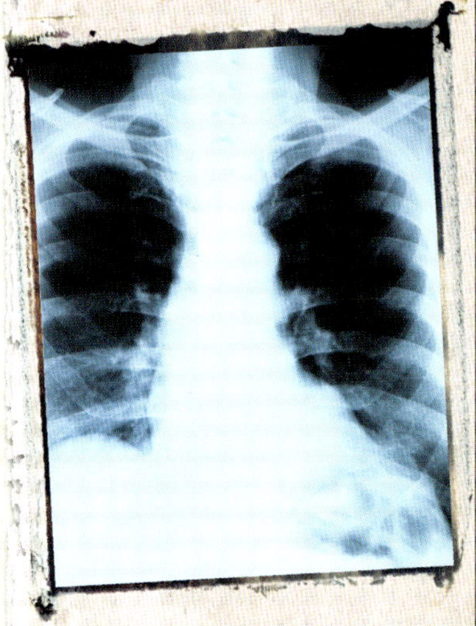

左の写真：**アリゴーはビッテンコート議員の体からキッチンナイフを使ってがんを摘出したとされる。**

り裂かれ、胸には血痕と切開した跡がきれいに残っていた。気が動転した議員はアリゴーを見つけて問いただしたが、前の晩のことは何も覚えていないという。困惑したアリゴーはともかく議員をタクシーに乗せ主治医のもとへ連れて行った。病院に着くとさっそくレントゲンを撮り、主治医が診察した。すると医師は信じられない言葉を口にした。なんと議員のがんが消えてしまったのだ──。

奇跡的に治ったことに大喜びしたビッテンコート議員はその話を友人や知人にして回り、政治演説の中でもとりあげるようになった。これをきっかけにアリゴーの名は一躍世間に広まったのである。

アリゴーを有名にしたエピソードはほかにもある。1956年のある日、アリゴーと家族は親戚の女性が横たわるベッドに集まっていた。彼女は子宮がんに侵され、まさに息を引き取ろうとしていたのだ。いよいよ神父がこれから最後の儀式を行うというとき、アリゴーは突然部屋を飛び出してキッチンへ向かった。戻ってきたアリゴーの手には一本のキッチンナイフが握られていた。彼はいきなりそれを女性の膣に突き刺し、数秒間こねくり回した後、血の付いたがん細胞を取り出した。ナイフと一緒に流し台に捨てると、彼はその場で気を失って倒れた。だが、このときのことは何も覚えていないという。一方、その場で一部始終を見ていた家族は仰天し、すぐに医者を呼んだ。女性を診察した医師によると、間違いなくがんは消えていた。しかも苦痛も出血もなく。その後女性は完全に回復した。

アリゴーによると心霊手術を行うのは第1次世界大戦中の1918年に死亡した“アドルファス・フリッツ博士”の霊が憑依したと

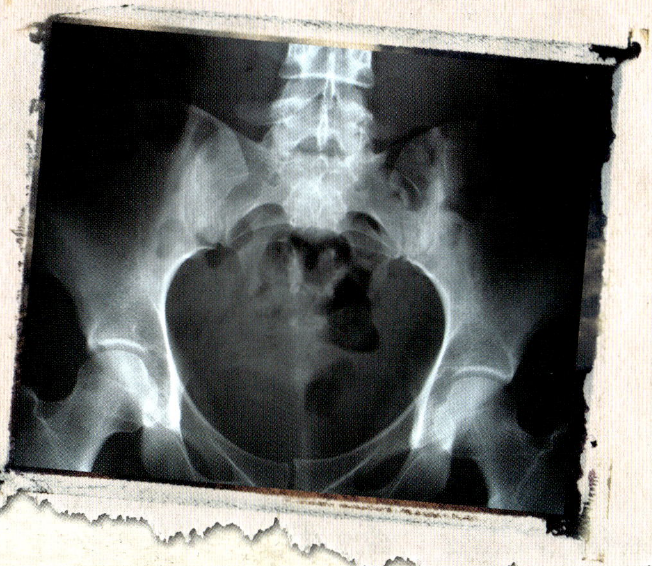

## ホセ・アリゴー

きだという。オリベラがいっていた霊の仕業とはこのことだったのだ。ひどい頭痛は心霊手術を始めるとピタリと止んだが、手術の間隔があくとまた再発した。

アリゴーは故郷のコンゴーニャス・ド・カンポに小さなクリニックを開き無料で手術を行った。医学的知識はなく、あるのは不衛生な環境と錆びたナイフ、それに自分の手だけだった。使ったナイフはシャツの袖で拭いてまた別の患者に使った。こうして彼は過去20年間で100万回以上手術を行いすべて成功させたという。手術中、痛みや出血はなく傷は縫わなくてもすぐに癒えた。殺菌消毒なしでも感染症にかかった患者は一人もいない。

しかしアリゴーは政府当局に目をつけられ、1957年医師免許を持たずに医療行為をした罪で、1964年には魔術まがいの行為を行った罪で逮捕・収監された。

1971年1月頃からアリゴーはジュセリーノ・クビチェック元大統領など知人たちに、自分はもうすぐ事故で死ぬと話し始めた。それから数日後の1月11日、車の追突事故で亡くなった。このニュースが伝わると彼の故郷コンゴーニャス・ド・カンポは一時町の機能が停止し、いたる所で半旗が掲げられ、市は2日間喪に服した。

左の写真：**アリゴーの手術室はきわめて不衛生な環境だった。**

上の写真：
**アリゴーの手術を受けた後、感染症にかかった患者はいない。**

アリゴーの奇跡の治療を物語る証拠——患者や医師の証言、手術中の写真や映像——は枚挙にいとまがない。しかしこれまで多くの心霊手術の偽装が暴かれてきたことから、アリゴーにも疑いの目が向けられて当然である。事実ジェームズ・ランディをはじめ多くの懐疑論者は、アリゴーも例外ではなく、巧妙なトリックで“奇跡”を演出してきたと批判する。また、アリゴーには神が与えた癒しのパワーがあるという患者側の思い込みも影響していたと考えられる。しかし、たとえ彼がニセ者だったとしても患者の不安を取り除き、生きる勇気を与えたことは事実である。アリゴーは以前、手術をしている自分の姿が映ったビデオを見て気絶したことがあったという。あるとき、この奇跡的なパワーはどこからきているのか尋ねられた彼は屈託なくこう答えた。「右の耳元で誰かが囁くんだ。わたしはただ言われたとおりにするだけだよ。そうすればかならずうまくいくんだ」

**下記も参照**
霊媒術　p.67-72
チャネリング　p.77-81

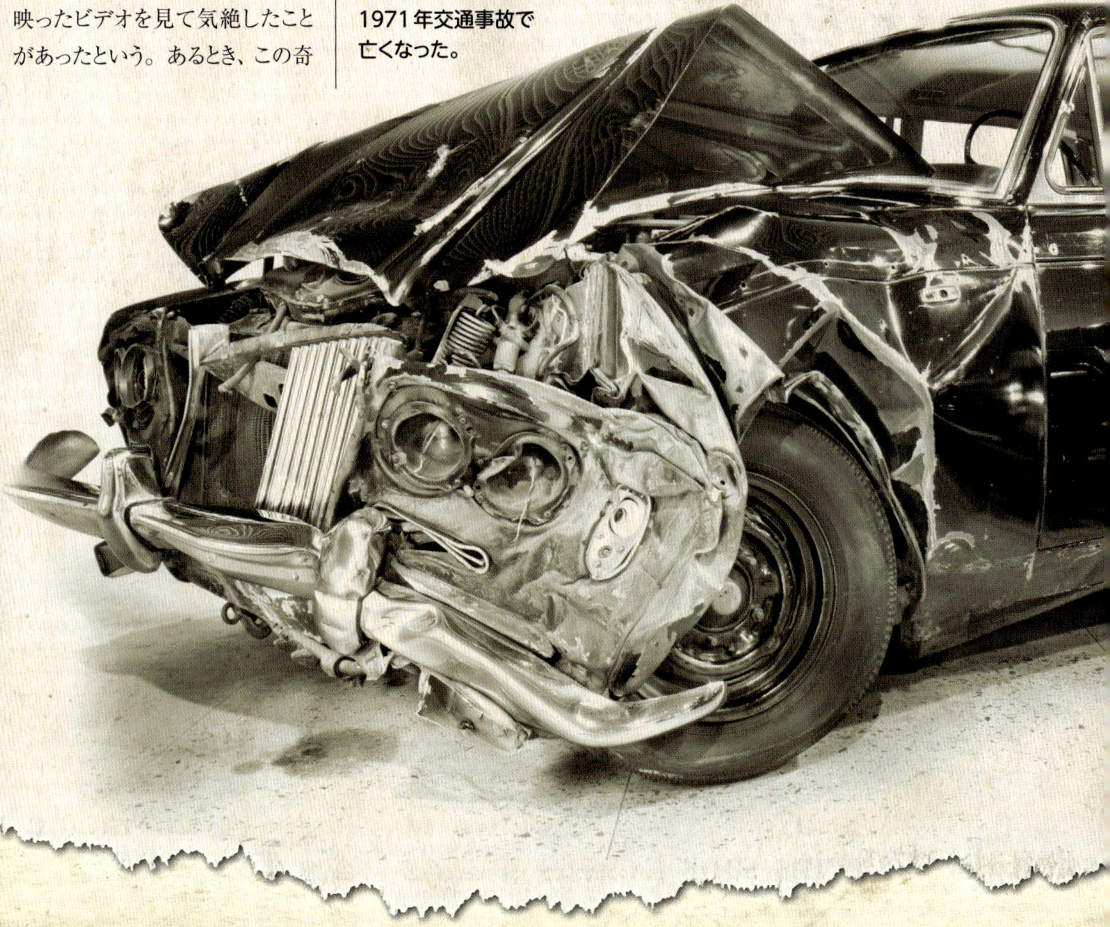

下の写真：**アリゴーは1971年交通事故で亡くなった。**

# パイロキネシス

パイロキネシスの語源はギリシャ語の*pûr*（“火”とか“稲妻”の意味）と*kínesis*（“動き”の意味）だ。精神の力でおこした火を意のままに操る能力である。“パイロキネシス”という語を最初に用いたのは作家スティーヴン・キングで、小説『ファイアスターター』（1980）に登場する。火を操る超能力者はホラー小説やSF小説、テレビ番組などにしばしば登場する。例えば、マーベル・コミックのキャラクター、ヒューマン・トーチとパイロ、テレビドラマ『Xファイル』のシーズン1、第12話“炎”、SFドラマ『フリンジ』のシーズン1、第19話“パイロキネシス”などである。

パイロキネシスの歴史は19世紀にさかのぼるが、ポルターガイスト現象の不審火を含めるともっと古い。超常現象研究の先駆者チャールズ・フォート（1874-1932）はパイロキネシスの研究に没頭した（p.184を参照）。1886年10月、カリフォルニア州マディソン郡ターロックに住む12歳のる少年ウィリー・ブラフは“ちらっと見ただけで”何にでも火をつけることができと恐れられていた。校内で発生した5件の不審火に関わった容疑で退学処分になった後、両親は息子が悪魔に憑かれていると思い、彼を家から追い出した（スティーヴン・キングの処女作『キャリー』を連想

パイロキネシスはテレビや映画でも人気のあるテーマだ。

する人もいるだろう)。1878年5月、スコットランドのブリッジウォーターの農場で原因不明の火事が続発した。家の中ではラップ現象が起こり、食器類やパンなどが勝手に動き出した。警察は、使用人である12歳の少女アン・キドナーを放火の疑いで逮捕したが、その後、証拠不十分で釈放した。

また、1882年、ミシガン州ポーポーに住んでいたウィリアム・アンダーウッドという24歳の青年は、息を吹きかけるだけで火をおこすことができたといわれる。そのため彼は息をするたびに細心の注意を払った。この噂を聞きつけたL・C・ウッドマン博士がこの青年を対象に実験研究を行い、その結果を『ミシガンメディカルニュース』に投稿した。

> 近くにいる人から借りたハンカチに息を吹きかけながら、それを両手で一生懸命こする。するとハンカチは炎に包まれ一瞬のうちに灰になる。彼は口をあけて中に何もないことを実験者に見せ、口をすすぎ、手を洗う。実験者はトリックがないかどうか徹底的に調べる。調べが済むと、彼は紙や布にフッと息を吹きかける。するとどうだろう。紙や布はあっという間に炎に包まれる。狩に出かけてマッチを忘れたときなどは、枯葉を集めてそこに息を吹きかければたちまち焚火ができるのだ。
>
> 『ミシガンメディカルニュース』
> (1882年9月11日)

1927年、米国副大統領チャールズ・ドーズはテネシー州メンフィスに住む自動車整備士のことを個人的に調査していた。この男は息を吹きかけるだけでなんでも燃やしてしまう不思議な力の持ち主だという。実際、男はドーズとスタッフの目の前でドーズのハンカチに息を吹きかけただけで燃やしてしまった。その場にいた者は全員、これはトリックなどではないと思ったが、いったいどうやって火をつけたのか、誰も説明できなかった。

米国の銀行家・政治家チャールズ・ドーズ

1982年5月から7月にかけてスコットランド出身のキャロル・コンプトンはイタリアの3軒の家庭でベビーシッターとして働いていた。23日間各家庭で火事が5回、そしてポルターガイスト現象が何度も発生した。彼女は殺人未遂の容疑で逮捕・収監されイタリアの刑務所で16か月過ごした。その後、殺人未遂容疑は取り下げられたが、放火の罪で有罪が確定した。どの家にも可燃物は発見されておらず、ビトロ教授という人物の証言によると火事の原因はじか火ではなく強い熱であった。新聞各紙はキャロル・コンプトンを“魔女と呼ばれたベビーシッター”と書き立てた。この事件はシャーロット・ランプリング、シエナ・ギロリー主演の映画『スーパーファイアー』（2001）のモチーフとなった。

もしこのような話が本当だとしたら、パイロキネシスをどう説明すればいいのだろうか？　フィクションで描かれるパイロキネシスは、物体の原子を刺激して熱エネルギーを増やすことで発火を促す能力と説明されている。しかし科学者によると、火をおこすためには、空気中の酸素に触れた瞬間に自然発火する化合物を放出する装置、もしくは火元の近くに発火を誘発する装置が必要だという。また、脳の“未知の”力によるものであるという説もあるが、これも説得力に欠ける。さらに、偽装の可能性もある。ある研究者によるとウィリアム・アンダーウッドは手に燐《りん》を隠し持っていた可能性があるという。燐は摂氏30度／華氏86度で空気に触れると発火する。ちょうど体温より少し低い程度なので、息を吹きかけたり、こすれば簡単に発火させることができると指摘する。

キャロル・コンプトンは
“ポルターガイスト攻撃”の犠牲者だったとされる。

# 診断

## パイロキネシス診断テスト

**1. パイロキネシスの持ち主は世の中にどれくらいいるのか？**

ポルターガイスト現象の一部として見られる場合もあるが、非常に稀だ。

**2. この能力はどうすれば獲得できるのか？**

ある日突然獲得するようだ。

**3. 何か前兆は？**

近くで不審火が発生する。

**4. 自分にもこの能力が備わっているかどうかはどうすればわかるのか？**

このような危険な能力を持っていれば自然にわかるはずだ。

**5. 用意するものは？**

キャンドルが１本あればいい。

**6. 何か気を付ける点は？**

火事を起こさないよう気をつけよう。

# テスト

## キャンドルの炎を消す

火を使った実験はなるべく避けたほうがいいが、次に紹介する実験なら安全で簡単にできる。

**[1]** 火のついたキャンドルを正面に置いて椅子に座る。

**[2]** リラックスしてキャンドルに意識を集中させる。

**[3]** 炎が段々高く燃え上がるよう心の中で念じ、実際にそうなった場面を想像する。

**[4]** こんどは逆に、炎が段々短くなるよう念じる。さらに、左右に揺れるよう念じる。

**[5]** 次に火を消してみよう。炎が徐々に小さくなり、やがて完全に消えたところをイメージする。

**[6]** 最後に、もう一度火をつけてみよう。キャンドルに意識を集中させ、キャンドルの周りのエネルギーの温度が上昇していく様子をイメージする。そしてタイミングを見計らって、火がつくようキャンドルに命じる。このとき声に出して“火がつけ”と言ってもいいし、指をパチンと鳴らしたり、両手を叩いてもいい。

## 事例研究

# チャールズ・フォート

ここに紹介するパイロキネシスの事例はチャールズ・フォートの記録による。残念ながらここに登場する少女たちについての詳しい情報は残っていない。したがって、興味深い事例ではあるが、事実だとする客観的証拠はない。

1890年11月、カナダのトロント近郊のトーラという町に住む英国生まれの少女ジェニー・ブラムウェル（14）の身辺で奇妙な出来事が起こった。ジェニーは地元で農業を営むドーソン夫妻の養女であった。ある日ジェニーはトランス状態に陥り、突然天井を指さして「あれを見て！」と叫んだ。ドーソン夫妻が見上げると、天井が炎に包まれていた。その翌日、家の中で不審火が次々と発生した。突然壁紙が燃え出し、ジェニーの服に燃え移った火を消そうとしたドーソン夫人は手に火傷を負った。それからまる一週間、家の中で原因不明のボヤが立て続けに起きたという。1890年11月9日付の地元紙『トロント・グローブ』には焼け焦げた壁紙の写真が載っているが、まるでランプの炎で焦げたように見える。

その後もボヤは頻繁に起きたので、一家は家具を全部裏庭に出した。不審火の責任を負わされたジェニーは英国の孤児院に送り返されてしまった。それ以降、不審火はピタリと止んだ。『トロント・グローブ』紙の記者は、ジェニーは“家の中のものに手当たり次第マッチで火をつけた”と報じた。だが、天井や壁にどうやって火をつけたかまではわからなかった。この事件に関してチャールズ・フォートは「自分で試してみようとは思わないが、マッチで壁紙に火をつけようとしてもなかなかできるものではない」と語っている。

記者は少女が化学の知識を持ち合わせていたどうかも調べた。というのは少女は“科学の初歩がわかっていた”からだという。町で取材をするうちに少女が何度も盗みをはたらいていたことやお使いで薬屋に何度も行ったことがあることを突き止めた。『トロント・グローブ』紙は最終的に、少女が“薬品”を盗みそれを家じゅうに塗りたくって火をつけたことが火事の原因であると報じた。

1895年1月ニューヨーク、ブルックリンに住む失業中の大工アダム・コルウェルの家でボヤが立て続けに発生した。現場を立ち入り調査した警察官と消防士も家具が燃えだすのを目撃した。原因不明の不審火との報告を受けた消防部長は、コルウェル夫妻の養女ローダがあやしい

と睨んだ。消防部長の推理によると、少なくとも2件はローダが放火したと考えられるが、それ以外はローダの取り調べ中に発生したことから、彼女の犯行ではないということだった。ただし、ボヤの原因や家具が部屋の中を飛び交った原因については不明であった。

アダム・コルウェルの話によると、1月4日の午後、妻とローダの3人でくつろいでいたとき突然大きな物音がしたという。見ると大きな料理用レンジが倒れ、壁に掛けてあった写真が4枚床に落ちていた。その直後、ベッドが燃え出し、駆け付けた警官は壁紙が燃え出すのを目撃した。さらに別のボヤが起き、固定してあった電気スタンドが床に落ちた。あっという間に火は家全体に広がり、着の身着のままで逃げ出した3人はそのまま警察署に避難した。グリーンポイント分署のローズ署長は“一連の不審火は超常現象”と考えられると述べたが、後になってこの判断は時期尚早であったことがわかる。

上の写真：**1890年カナダのトロント近郊の家で原因不明の火災が連続して発生した。**

この事件からしばらく経ったある日のこと、ロングアイランドのフラッシングに住むJ・L・ホープという人物がローズ署長に会いにやって来た。彼の話によると、ローダは彼の家で女中として働いていたことがあるという。そして彼女が働いていた11月19日から12月19日までに4件のボヤが起きたというのだ。これを聞いたローズ署長はコルウェル家の放火犯もローダであることを確信し、彼女に自首を促した。しばらくしてローダは観念し、犯行を認めた。供述によると、家が嫌で逃げ出したかったので火をつけたという。また、壁から写真を床に落としたり、マッチでベッドに火をつけたのも自分で、警察、消防、刑事が家にやって来た後も火をつけて回ったと自供した。地元紙『ニューヨーク・ヘラルド』は“警察も消防も、かわいい少女にまんまと騙される”と報じた。署長にこってり絞られた少女は過ちを認めて反省したため、起訴は見送られた。

**下記も参照**

ポルターガイスト　p.160-162
パイロキネシス　p.179-183

# 体外離脱体験
## OUT-OF-BODY EXPERIENCES

体外離脱体験者は“特殊な能力”の持ち主であり、それによって体外離脱体験が可能になるとされている。本章では体外離脱に関係する特殊な能力に焦点を当てながら、この不可思議な現象を解明していく。体外離脱すると意識が身体を離れ外から自分や世界を眺めているように感じるといわれる。

# アストラル体投影《プロジェクション》

アストラル体投影（別名：アストラルトラベル）は、覚醒状態以外に、明晰夢（夢を見ていることを自覚している夢）を見ているときや、深い瞑想状態、一時的なショックや事故が原因による無意識状態、あるいは薬物の影響下で起こり得る。

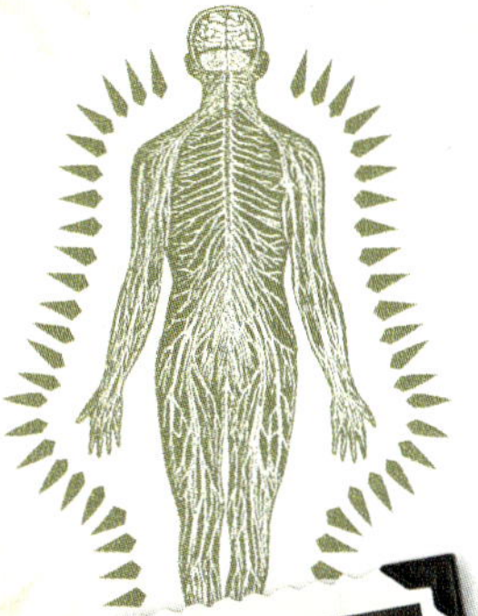

シルヴァン・マルドゥーン、ヘリウォード・キャリントン共著『The Projection of the Astral Body（アストラル体投影）』（1929）はアストラルトラベルのパイオニア的研究書である。しかし、本書が出版されて以降、“アストラル体投影”という言葉は難解であるという指摘が超心理学者の間で出たため1943年G・N・M・ティレルは著書『Apparitions（亡霊）』で“体外離脱体験”という言葉を用いた。ただし今日でも“アストラル体投影”を用いる研究者はいる。

ブラヴァツキー夫人（1831-1891）が創設した神智学などの神秘主義思想では人間は7つの主体《ボディ》を持つとされている。この7つの主体の一つであるアストラル体が、へその緒のようなコードで身体《フィジカルボディ》とつながったまま主体を離れ、“アストラル

左上の写真：シルヴァン・マルドゥーシ
左下の写真：ヘリウォード・キャリントン

身体の上に浮いたアストラル体。2つの体はコードでつながっている。シルヴァン・マルドゥーン、ヘリウォード・キャリントン共著『The Projection of the Astral Body（アストラル体投影）』より。

界”へ移動する。これをアストラル体投影という。

1930年代、東洋へ精神の旅に出た英国の哲学者・神秘主義者・旅行家のポール・ブラントン（1898-1981）は大ピラミッドの王の部屋で恐怖の一夜を明かし、このときアストラル体投影を体験した。感性を研ぎ澄ますために王の部屋へ入る前の3日間断食した彼は、物音一つしない暗く寒い部屋で独り何かが起こるのをじっと待っていた。しばらくすると、敵意に満ちた幽霊が四方八方から彼を取り囲み、恐ろしい形相で近づいてきた。一瞬、アラブの村人たちから聞いた幽霊の話が脳裏をよぎった。それはピラミッドの中をさまよう悪霊の話だ。しかしここで怖気づいて逃げ出すわけにはいかない、頑張るんだ……。そう自分に言い聞かせながらブラントンは、勇気を振り絞って恐怖に打ち勝ち、幽霊の姿を脳裏から追い払った。すると今度は礼装に身を包んだ古代エジプトの神官が数名現れ、秘密の通路を通って彼を大広間へ案内した。

ブラントンは大広間に横たわると急に全身が麻痺したような感覚に襲われた。まるで魂が身体を離れ“死後の世界”へ移動していくようだった。彼のアストラル体は上昇してやがて狭い穴（シャーマンの伝承にあるとおりだ）を通り抜けると純粋な精神的存在に昇華した。不思議なことにこの状態のほうが生命の躍動感をより強く感じることができた。微動だにしない自分の身体を天井から眺めているとアストラル

礼装に身を包んだ古代エジプトの神官が数名現れ、秘密の通路を通ってブラントンを大広間へ案内したという。

体から身体へ向かって銀色の光がかすかに射しているのが見えた。それから突然意識を取り戻したブラントンは、この奇妙な体験は一種の参入儀礼だったに違いないと確信した。

米デューク大学社会学部のホーネル・ハート教授は1954年米国心霊研究協会の学会誌に投稿した研究報告の中で"ESP投影"という造語を使った。"ESP投影"とは実際に体験したことを裏付ける証拠がある体外離脱体験（OBE）を意味する。ハート教授の調査によると、約３人に一人が体外離脱体験（OBE）があると答えた。その中には遠方の人が体外離脱者を近くで目撃したという証言や、体外離脱者本人が遠く離れた場所での出来事を正確に描写した例などがあった。

こうした現象はどう説明すればいいのだろうか？　ハート教授が指摘するように現実の出来事なのだろうか？　ひとつの仮説として、もともと人間の意識と身体は別物で、意識は身体がなくても存在するので体外離脱は可能だという考え方がある。言い換えれば二元論――人間の意識と身体は連動せず別々に機能している――である。また、体外離脱体験（OBE）は病気や極度のストレスが原因で脳の状態が変化することによって起きるとする説もある。これに対して懐疑論者は、アストラル体投影や体外離脱体験者の証言は科学的根拠に乏しいと反論する。また、意識が身体から離れるというのは一種の幻覚症状であり、客観的事実ではないと主張する。

# 診断

## アストラル体投影診断テスト

### 1．アストラル体投影ができる人は世の中にどれくらいいるのか？

アストラル体投影を経験したという
超能力者はたくさんいる。

### 2．この能力はどうすれば獲得できるのか？

たいていは生得的な能力だが、
病気や極度のストレスが原因で
獲得する場合もある。

### 3．何か前兆は？

眠りにつく瞬間、身体がふわっと浮いて
意識が身体から離れていくような
感じがする。

### 4．自分にもこの能力が備わっているかどうかはどうすればわかるのか？

一度目にしたものを
忘れない抜群の記憶力と、
豊かな想像力があるかどうかだ。

### 5．用意するものは？

とくにない。

### 6．何か気を付ける点は？

体外離脱した後、
一瞬戻ってこれない場合があるが、
冷静に対処すれば大丈夫だ。

# テスト

## アストラル体投影を実践する

アストラル体投影ができるようになるための方法はいろいろある。しかし、断食、独房監禁、過度の精神的ストレス等によりトランス状態に入るのは、長期的に見て健康を害するおそれがあるので、避けるべきだ。

**[1]** 誰にも邪魔されず集中できる場所を確保する。柔らかくて心地よいソファまたは床に座るか寝転ぶ。リラックスして頭を空っぽにし、自分の呼吸を意識する。眠気がさす場合もある。

**[2]** 眠気をこらえて覚醒状態を保てば、やがて瞑想状態に入ることができる。ただし、これには時間と練習が必要だ。瞑想状態に近づくと、体全体が沈んでいくような感じがして、宙に浮いたまま階段を駆け降りているような感覚をおぼえる。リラックスできない人は“バイノーラルビート”を試してみるといい。バイノーラルビートとは、異なる周波数を左右の耳に聞かせることで共振した周波数のビート音が脳内で発生する現象である。集中力を高めるほか、リラックス効果があるとされ、このビート音を収めたCDはネットでも入手できる。

**[3]** 体全体が沈んでいくような感じ、あるいは階段を宙に浮いたまま降りていく感じがしたら、その感じに身をゆだねる。やがて脳が命じた瞬間にアストラル体投影が始まる。初めて体験した人はだいたい3秒程度で終わってしまうが、がっかりすることはない。練習を重ねるうち、アストラル体をうまくコントロールできるようになる。

**[4]** コツさえつかめば、体外離脱はいつでもできるようになる。ただ、中には体外離脱したままなかなか戻ってこれない人もいる。そんなときは、家族に身体を触ってもらうと元に戻ることができる。たまにパニックになる人がいるが、落ち着いて対処すれば大丈夫だ。

## 事例研究

# ロバート・A・モンロー

米国の実業家ロバート・A・モンロー（1915-1995）は著書『Journeys Out of the Body（邦訳：体外への旅）』（1971）、『Far Journeys（邦訳：魂の体外旅行）』（1985）、『Ultimate Journey（邦訳：究極の旅）』（1994）で体外離脱という概念を世間に知らしめた。モンローが初めて体外離脱を体験したのは1958年。ちょうど睡眠学習の研究をしていた頃だ。

ある日、実験が終わった直後にモンローはひどい痙攣に襲われた。それから2、3週間というもの睡眠学習の実験をした後、きまって不思議な出来事が起こった。その中には自分の魂が肉体を離れ、眠っている自分の姿を天井から眺めているように感じることもあった。体外離脱の回数が頻繁になる中、モンローは自分の意志で体外離脱する方法を開発した。

体外離脱体験（OBE）を繰り返すうちに、3つの“ドリームワールド”があることに気づき、それを“ローカル”と呼んだ。モンローが“セカンド・ボディ”と呼ぶ“アストラル体”の特性は前述の著書にも詳しく説明されている。それによると、アストラル体にも体重があり、条件によっては肉眼でも見えるが、可塑性が強いために変形しやすいという。

自らの体外離脱体験と“ローカル”の正体を解明することに情熱を注いだモンローは、誰でも体外離脱できるようにするための技術の開発に取り組んだ。その拠点となったのが1974年、米バージニア州ファーバーに設立したモンロー研究所である。彼はそこで“人間の意識の私的な探究を助長する経験的教育プログラム”を提供した。また、モンローはヘミシンク（脳半球を意味するHemisphericのHemiと、同調（シンクロ）を意味するSynchronizationのSyncを組合せた造語）というオーディオ・ガイダンス技術を開発したことで知られる。特許を取得しているこの技術の原理は次のとおりだ。まず、左右の耳にヘッドホンを通して異なる周波数の音を聞かせる。すると、左右の脳が同調して機能し、左右の耳に入った音の周波数の差に相当する脳波が生じる。このような特殊な脳波を発生させることで、意識を特殊な状態へと誘導する技術だ。

ヘミシンク技術は商品化されオーディオCDとして販売されている。セルフヘルプ、睡眠、リラクゼーション、ストレスマネジメント、体外離脱体験等、様々な分野に応用されている。1995年にモンローが亡くなった後、娘のロリエがモンロー研究所の運営を引き継いだが、彼女も2006年12月に

ロバート・A・モンロー

亡くなった。

一方、懐疑論者は、モンローは体外離脱体験（OBE）を美化し、誇張していると批判する。体外離脱などというのは妄想から生まれた幻覚症状にすぎないと一蹴する。また、ほかの“超能力”同様、体外離脱体験（OBE）もそれが事実であることを裏付ける科学的証拠がないため信用できないと言う。

# 体外離脱の実践

## モンロー式体外離脱の方法

『体外への旅』（1971）では体外離脱の方法が説明されているが、かなり複雑だ。そこでもう少し簡単に要約して紹介する。

**[1]**　部屋の照明を落とし、楽な姿勢で横になる。頭の位置は北枕になるように。誰も部屋に入ってこないようにする。

**[2]**　着衣を緩め、アクセサリー類は全部はずす。寒く感じないよう部屋は暖かくしておく。

**[3]**　まず心身ともにリラックスする。そしてこれから経験することは、後ではっきりと思い出すことができて、自分によって有益なことであると自分に言い聞かせる。

**[4]**　口を半開きにして呼吸する。

**[5]**　何かひとつのことや物に意識を集中することで、自分自身を入眠状態へ誘導する。いろんな考えが浮かんで集中力が途切れたら、入眠状態に移行した証拠だ。

**[6]**　さらにいろんな考えが浮かんできたら、それを冷静に外から眺めよう。そうすることで入眠状態を保つことができる。

**[7]**　次に、頭の中を空っぽにして瞼の向こう側に広がる暗闇に目を向ける。

**[8]**　しばらくすると光の条《すじ》が見えるが、単なる神経系の放電現象なので、とくに注意する必要はない。

**[9]** 光の条が消えると、深いリラクゼーションの状態に入る。そこは肉体も五官も存在しない、いわば空《くう》の状態で、外部からの刺激には一切反応せず、自分自身の思考に対してのみ反応する。

**[10]** 目を閉じたまま、額から約30㎝離れた地点を見つめ、そこに意識を集中させる。次に1m、2mと徐々に遠くの地点に意識を向け、最後には90度回転させ頭の真上にもってくる。

**[11]** この頭の真上の地点から“波動”を体内に取りこんでいる自分の姿をイメージする。しばらくすると波動エネルギーを体感できる状態に近づいてくるはずだ。このとき全身に電気が走ったように感じることがある。

**[12]** 押し寄せる波動に意識を集中させ、頭のてっぺんから爪先まで波動が伝わっていく様子をイメージする。波動エネルギーを自在に体感できるようになるまでこれを繰り返す。

**[13]** さてここからがいよいよ本番だ。モンローが推奨する最もシンプルな方法が“リフト・アウト”だ。方法は簡単。全身が軽くなった自分をイメージし、このまま浮かび上がることができたらどれだけ楽しいか想像してみるだけでよい。

**[14]** ここで大事なことは体外離脱に集中し、余計なことは一切考えないことだ。やがて、身体がふわっと浮き上がるのを感じる。これが体外離脱初体験である。

**[15]** モンローの話によると、この方法で繰り返し練習すれば、まったく未知の世界を体験できるようになるという。

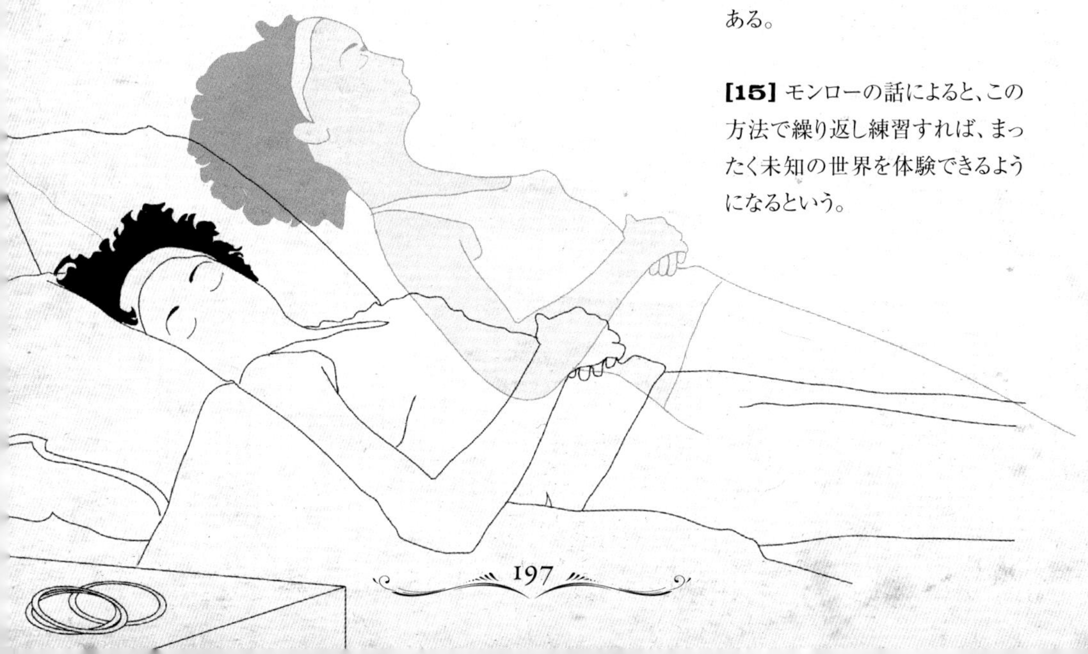

# 遠隔透視

遠隔透視とは超感覚的知覚により、肉眼では見えない距離にある目標《ターゲット》——物、場所、人——に関する情報を入手することをいう。遠隔透視の間、人間の意識は肉体を離れると考えられるので、体外離脱体験やアストラル体投影とも密接な関係がある。

18、19世紀にも遠隔透視の記録（p.205を参照）がわずかに残っているが、本格的研究が始まったのは1970年代である。米国政府から補助金を受けて超能力を研究していた超心理学者ラッセル・タークとハロルド・パソフは、1974年に“遠隔透視”という言葉を初めて用いた。彼らの研究は後にスターゲート計画へと発展していく。

タークとパソフはカリフォルニア州メンローパークのスタンフォード研究所（後にSRIインターナショナルと改名）を拠点に遠隔透視の研究を行った（SRIはサンフランシスコのスタンフォード大学とは無関係）。SRIでの実験参加者の中には、元米国陸軍“超能力スパイ”のジョー・マクモニーグル、ニューヨークの芸術家・超能力者のインゴ・スワン、ベテラン超能

超心理学者のラッセル・ターグ博士

上の写真：インゴ・スワン
右の写真：1979年イランの米大使館人質事件

力者ハロルド・シャーマンらがいた。初期の実験では、“ビーコン”と呼ばれる人を透視目標に派遣し、透視者はビーコンがいる場所を透視して絵に描く。そしてその絵が透視目標をどの程度正確に描いていたかを調べた。その後、実験方法に改良が加えられ、透視者は目標の地図の座標軸だけをたよりに透視し、描いた絵を目標の写真と比較する方法がとられるようになった。

SRIの実験で異彩を放ったのがインゴ・スワンだ。彼の正確な透視能力は米政府がスターゲート計画に乗り出すきっかけになったといわれる。スターゲート計画とは遠隔透視を軍事作戦に利用するための研究である。政府から2000万ドルの予算がついたスターゲート計画は、メリーランド州フォート・ミードにある国家安全保障局（NSA）の本部で20年間行われた。この計画のために政府が雇った遠隔透視者は一時16人にのぼった。

SRIのミッションのひとつが“超能力スパイ”の養成であった。1970年代の後半、6名の選りすぐりの透視者を集めて精鋭部隊を結成。彼らは大きな成果を残した。例えば、パレスチナ解放機構（PLO）の秘密の軍事訓練施設や、1979年にはイランのアメリカ大使館人質事件で人質の監禁場所を発見、さらに旧ソ連の潜水艦建造計画を察知し、リビアのカダフィ大佐の居場所を突き止めることに成功した。また、ちょっと変わった実験としては、インゴ・スワンとハロルド・シャーマンによる水星と木星の遠隔透視実

スワンは水星と木星を遠隔透視して
両惑星の物理的性質について報告した。

験がある。タークとパソフの報告によると、スワンとシャーマンが透視した内容は、天体観測衛星マリナー10号とパイオニア10号による探査結果とほぼ一致したという。しかし、木星には9150mの山脈があるというスワンの透視は事実とは異なることが判明した。

SRIの実験で最も高い精度を誇ったのが写真家のヘラ・ハミッドだ。彼女は9つの透視目標のうち5つを正確に描写した。1977年7月の実験ではカリフォルニア州沿岸3㎞の地点に配備された小さな潜水艦の中から透視を行った。“ビーコン”

ヘラ・ハミッドはターグ博士との実験で
遠隔透視を何度も成功させた。

がいた場所はスタンフォード大学の近くの崖に面した大きな樫の木の上だ。このときハミッドはビーコンが何をしているかまではわからなかったが、木と崖を透視することに成功した。

一方、鳴物入りで始まったスターゲート計画は1995年に打ち切られた。遠隔透視は信頼性に欠けるため、スパイ活動に利用するのは難しいと政府が判断したためだ。こうした結末に至った背景には、透視が成功したかどうかの判断基準（ターグとパソフが作成したもの）が大雑把であり、統制条件の設定が不十分だという批判があった。なにしろ何千回と実験を繰り返しそのたびに透視者は絵を描くわけだから、中には目標地点の景色とどこか似かよった絵が出てきても不思議ではない。また、透視者は目標を寸分たがわず描写するよう求められたわけではなかったので、大雑把なスケッチでもジャッジ――彼らは事前に目標地点の様子を知っていた――は少々外れていても成功と判定することも簡単にできたはずだ。

さらに重要なことは、米政府が“遠隔透視能力は訓練によって向上する見込みはない”と結論を下した点である。米政府の主眼は遠隔透視をスパイ活動に用いることにあった。そうした政府の意図を熟知していたSRIの研究者は目標に関する情報をできるだけ多く透視者に提供した。実際、ある研究者がターグとパソフのデータを見たところ、そこにある手がかりを辿っていけばべつに“特殊な能力”がなくても目標地点を割り出すことができたという。このようなことから、SRIの研究だけでは遠隔透視という特殊な能力が本当に存在するのかどうか客観的に判断を下すのは難しい。

以上のような話を総合すると、インゴ・スワンらの遠隔透視者らの証言は信憑性に欠けると解釈すべきだろうか？　遠隔透視はコミック本の世界だけの話に聞こえるかもしれないが、もし現実に存在することが証明されれば、軍事作戦、警察活動、医療、地質学、人類学、天文学などをはじめ様々な分野に影響を与えることは間違いない。しかし、現在遠隔透視に関する科学的研究は行われておらず、遠隔透視能力は実験室の統制された条件の下で再現可能であることが示されない限り、懐疑論者のいう“疑似科学”の域を出ないであろう。

## 遠隔透視と関係のあるパワー


- 体外離脱体験（p.186を参照）
- アストラル体投影（p.188を参照）
- テレパシー（p.26を参照）
- クレアボヤンス（p.36を参照）
- ダウジング（p.126を参照）
- スクライング（p.136を参照）

# 診　断

## 遠隔透視能力診断テスト

### 1．遠隔透視ができる人は世の中にどのくらいいるのか？

かなり稀な能力で、本格的な研究が始まったのは1970年代後半だ。この能力を実際に見せることができる人はほとんどいない。

### 2．この能力はどうすれば獲得できるのか？

遠隔透視者は生得的能力だというが、訓練すれば獲得できる可能性もある。

### 3．何か前兆は？

これまで一度も行ったことのない場所の映像が頭に浮かぶ。

### 4．自分にも遠隔透視者としての素質があるかどうかはどうすればわかるのか？

一度目にしたことは忘れない抜群の記憶力と集中力があれば可能性はある。

### 5．用意するものは？

とくにない。

### 6．何か気を付ける点は？

自分が知りたくないことには首を突っ込まないこと。

# テスト

## 遠隔透視の実践

テストに先立って、透視目標に関する情報を集めておくよう友人に頼んでおく。

**[1]** リラックスして頭の中を空っぽにする。

**[2]** 空っぽになったら、黒い窓を思い浮かべよう。ただし、窓の中には普段見慣れた光景――友人や職場など――が入ってこないようにする。

**[3]** しばらくすると絵、形、色などがぼんやり浮かんでくるが、これらを全部追いだす。黒い窓しか見えなくなるまでこれを繰り返す。

**[4]** 10分後、友人が透視目標に関する情報をあなたに伝える。例えば、“そこは海に近い”とか“近くに古い教会がある”など。

**[5]** リラックスして目を閉じたまま、友人から聞いた情報を声に出して自分に語りかける。あるいはそれらの情報が黒い窓に書かれている場面をイメージする。

**[6]** 透視目標に関して何か見えたり感じたりするまで、静かに座って待つ。

**[7]** 何か頭に浮かんだら、それをスケッチする。また、映像ではなく何か感じた場合は感じたことをメモする。まだこの時点では、透視目標がどこか答えを出す必要はない。

**[8]** 透視目標を完璧に描写できるまで**[5]**～**[7]**のステップを8～10回繰り返す。

**[9]** 今度は別の透視目標でもう一度同じテストを繰り返す。結果を前回と比べてみよう。

## 事例研究

# ボティノーの物語

ノスコピーと呼ばれる“技術”を発見したフランス人ボティノーについては謎の部分が多い。ノスコピーとは水平線のはるか彼方——約1000㎞まで——にある船舶や陸地を察知する技術である。ボティノーは船舶の航行が大気に与える影響を調べることで遠方から近づいてくる船を何日も前に察知したといわれる。まさに遠隔透視者の元祖である。数々の目撃証言や海軍士官が書いた証明書も存在することから、彼の話の信憑性は高いといえる。

1762年、フランス海軍の船乗りだった頃に書いた手紙には次のように記されている。「陸地に近づく船は大気になんらかの影響を与えるはずで、大気の変化を読み取ることができるようになれば、肉眼で確認できるよりもずっと前に察知できるはずだ……」。そう考えたボティノーは何度も観察を重ねた末に、船が近づいてきたときに起こる特有の現象を発見した、と自分では思った。しかし、実際にはうまくいかなかったので、一時は諦めかかった。

ところが1764年に転機が訪れた。インド洋マダガスカル島の西に浮かぶモーリシャス島（当時はフランス島と呼ばれていた）へ派遣されたボティノーは、自由な時間が増えたのを機に、再び“遠隔透視能力”の開発に取り組みはじめたのだ。文明社会とは隔絶され、抜けるような青空と澄んだ空気が広がり、寄港する船も滅多にないこの島にいると、フランス本土にいるよりは遠隔透視を成功させる確率は高いように思えた。6か月の試行錯誤の末、ボティノーは人類に役立つ技術を発見したことを確信した。士官らがよく浜辺で小さな望遠鏡を覗きながら島に近づいてくるヨーロッパ船を監視していたことも幸いした。

モーリシャス島

## ボティノーの物語

ボティノーはよく士官らと賭けをした。いつ船が島にやってくるかを賭けるのだ。ボティノーの予測はほぼ100%的中したため結構な稼ぎになった。当時の総督はボティノーの予測を2年間日誌に記録した。その中にはこんな出来事が記録されている。ある日のこと、ボティノーは3隻の船が島に近づいていると総督に伝えた。しかし見張り番が望遠鏡を覗いても何も見えない。ところが翌日、水平線の彼方に1隻の船を発見した見張り番は急いで総督に報告した。そしてその翌日2隻目が、1週間後には3隻目が姿を現した。結局、ボティノーの予測は正しかったのだ。フランス政府はこの技術と引き換えに高額の報酬と年金を申し出たが、対価が低すぎるとして彼はこの申し出を断った。

驚いたことに、ボティノーは500～1000㎞先から近づいてくる船も察知した。こうして彼は15年間休むことなく船の接近を予測し続け、ときには望遠鏡がとらえる3～4日前に察知したこともあったという。総督の日誌によると、ボティノーの予測はほぼ毎回的中した。島に近づいていると予測したが実際に寄港しなかった船は、実は島から2～3日の航海の距離まで接近していた外国船だったことが後でわかったこともあった。

また、あるとき11隻の艦隊が島に近づいていると報告した。一瞬島に緊張が走った。英国艦隊が攻めてくる可能性があったからだ。総督はすぐに軍艦を偵察に派遣した。だが、軍艦が島に帰ってくる前にボティノーは総督に心配する必要はないと伝えていた。大気の状態から、艦隊は進路を変更したに違いないと読んだのだ。この一件から数日後、東インド諸島から1隻の船が島にやってきた。船員たちの話によると、11隻の艦隊がフォートセントウィリアムスに向かうのを目撃したという。このときもやはりボティノーの予測は正しかったのだ。

ボティノーは1778年から82年まで575

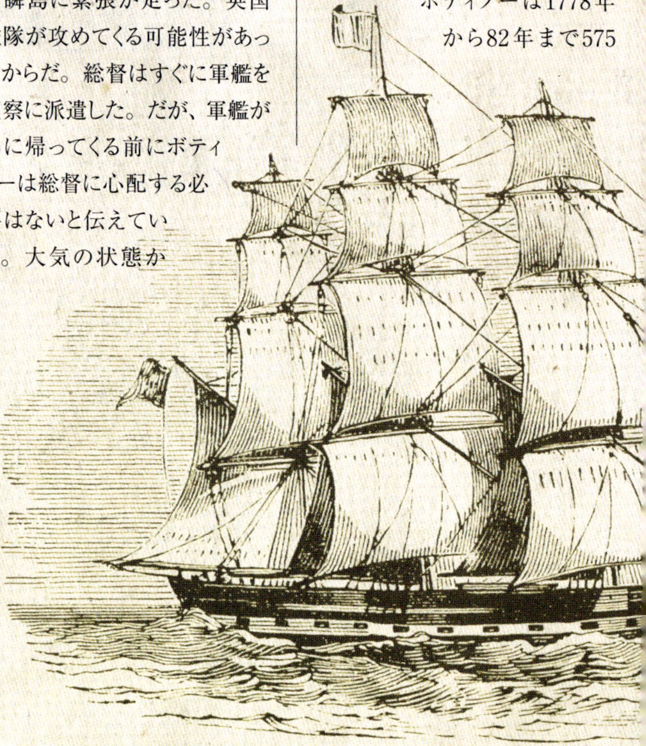

上の絵：1789年
フランス革命のとき民衆が破壊したバスティーユ監獄

隻の寄港を正確に予測し、中には肉眼で見える4日前に予測したこともあった。また、船が陸地に近づくときに生じる大気の変化と2隻の船が互いに接近したときに生じる大気の変化は同じかどうかを調べた。その結果、ほぼ同じであるが船が陸地に接近する場合に比べるとインパクトは弱いことがわかった。さらに、船の上から未知の陸地を発見することにもチャレンジした。あるとき航海に出たボティノーは、船は現在陸地から約150㎞離れた地点を航行中だと船長に伝えた。船長は最初ボティノーの言うことを信じなかったが、計算し直したところ自分の間違いに気づき、すぐに進路を変更した。結局ボティノーはこの航海で3度陸地を発見し、中には750㎞先から発見したものもあった。

1784年6月フランス革命のさなか、ボティノーは自分の技術を公式に認定してもらうためにモーリシャス島総督や駐屯地の士官が署名した証明書を携えてパリに乗りこんだ。ところが、当時世間の関心は薄く、彼の存在は完全に無視されてしまった。『メルキュール・ド・フランス』誌は彼が見たものは“‘ships at sea（海上の船）’ではなく‘castles in the air（幻覚）’に違いない”と揶揄した。すっかり意気消沈したボティノーはこの技術が世の中に知れ渡ることは永遠にないだろうと語った。その言葉どおり、世間が彼の話に耳を傾けることなく、1802年インド南部のフランスの植民地ポンディシェリーで貧困のうちに亡くなった。

1817年から18年まで海軍将校候補生としてHMS Magicienneに乗船していた英国海軍のフランシス・モード艦長（1798-1886）は、以前モーリシャス島に住んでいたという人物とよく会った。その人物はボティノーから直々に教えを受け船舶の寄港を正確に予測したという。それから1世紀以上経った1935年、南大西洋にあるトリスタン・ダ・クーニャ島に住むピーター・グリーンという人物も同じ技術を用いて船舶の接近を1〜2日前に予測したという記録が残っている。

**下記も参照**
クレアボヤンス　p.37-44
予知　p.49-54

# バイロケーション

分身または生霊を意味する“ダブル”には様々な呼び名があるが、ダブルと密接な関係があるのが“バイロケーション”、すなわち1人の人間が同時に2か所で目撃される現象だ。分身は本人と間違われることが多いが、分身の行動はどこかぎこちなく、周りから話しかけられても反応しないのが特徴だ。また、分身は不吉な前兆とされ、本人の死が近づいている証拠とされる。臨終の床や極度のストレス下にある本人の分身が、身内や友人のもとを訪れると考えられている。

ドイツ語のドッペルゲンガーも分身や生霊を意味する言葉だ。人間にとり憑いて“悪魔の双子”のように振る舞うドッペルゲンガーは、英国やアイルランドの民間伝承にはフェッチ（fetch）やレイス（wraith）という名で登場する。フェッチやレイスは死ぬ間際に見る自分の幻影を意味する。また、自分のドッペルゲンガーに出会ったら死ぬという言い伝えもある。

バイロケーションは超常現象の中でもとくに稀な現象であるが、その歴史は古い。古来、グル、神秘思想家、魔術の達人、修道士、聖人らはバイロケーションの能力を持つとされてきた。また、中世キリスト教の文献にはバイロケーションはキリスト教の聖人、神秘思想家、修道士などの限られた人々だけに与えられた能力であるという記述もみら

自身の生霊にとり憑かれた男性。

上の写真：ミラノの聖アンブロシウスは同時に
2か所に存在する能力を有していたとされる。

れる。例えば、ミラノの聖アンブロシウス（338-397）、ラヴェンナの聖セヴェルス（348年頃誕生）、パドヴァの聖アントニウス（1195-1231）、ピエトレルチーナの聖ピオ（1887-1968）といった聖人たちである。

1226年のある聖木曜日、リモージュのサン・ピエール・ド・ケイロウ教会で説教をしていたパドヴァの聖アントニウスは、突然あることを思いだした。実はその日、町の反対側にある修道院の礼拝に出席することになっていたのだ。途中でそのことを思いだした聖アントニウスは、信者たちの目の前で、ゆっくりとずきんを頭からかぶり、数分間地面に膝をついたまま動かなくなった。ところがそのとき、町の反対側にある修道院の礼拝堂に集まった修道士たちは聖アントニウスが聖職者席から立ち上がり、聖書の一節を読みあげた後、またすぐ姿を消したのを目撃していたのである。

1774年9月21日、聖アルフォンソ・デ・リゴリはミサの後トランス状態に陥った。一昼夜その状態がつづいた後、正気を取り戻した聖アルフォンソは、自分は法王クレメンス14世の臨終の床に寄り添っていたと周囲に語った。ところが、そのとき法王は少なくとも4日間はかかる遠い場所にいたのである。後でわかったことだが、法王が亡くなったのが午前7時で、ちょうど聖アルフォンソが正気を取り戻した時刻と一致する。またこのエピソード以外にも、同じ時刻に別の場所で聖アルフォンソの姿を目撃したという証言が幾つかあり、いずれも信頼性の高い証言であるという。

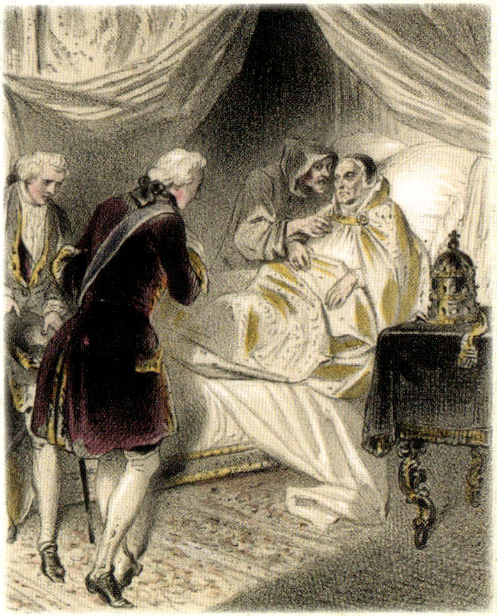

上の写真：クレメンス14世を見舞う聖アルフォンソ・デ・リゴリ。この瞬間、聖アルフォンソの姿は
別の場所でも目撃されていた。

上の写真：パードレ・ピオ神父。
同時に2か所に存在する能力を持っていたとされる。

ピオ神父の生涯を語った資料には数々のバイロケーションの事例が登場するが、その中にはローマカトリック教会の検閲官が公式に認めた資料も含まれる。例えば、修道院にいるはずのピオ神父が、第2次世界大戦中北アフリカ戦線のイタリア軍兵士の前に姿を現し、さらにほぼ同じ時刻に別の場所でベッドに寝たきりの女性たちに付き添っている姿が目撃されている。

一方、バイロケーションはカトリックの聖人だけに限った話ではない。ドイツの劇作家・予言者で戯曲『ファウスト』の作者ゲーテ（1749-1832）は自身と友人のドッペルゲンガーをそれぞれ一度ずつ目撃した。ある蒸し暑い夏の夕方、ゲーテは知人と一緒にドイツ中部の都市ヴァイマールを散歩していた。途中、ゲーテは突然立ち止まって誰かに話し始めた。ゲーテは相手のことを“フレデリック”と呼び次のように尋ねた。「なぜ君はわたしのガウンを着て、ナイトキャップをかぶり、寝室用のスリッパを履いて大通りを歩いているのだ？」。もしかして友人のフレデリックの身に何か起こったのではないか、と心配になったゲーテは急いでホテルに帰った。部屋に入ると肘掛椅子に座っているフレデリックの姿があった。彼の話によると、雨でびしょ濡れになってホテルに戻り、ゲーテのパジャマに着替えて椅子に座っているうちにうとうとし、夢を見たのだという。それはゲーテを探しに行く夢で、夢の中でゲーテは彼に会うなりこう言ったという。「なぜ君はわたしのガウンを着て、ナイトキャップをかぶり、寝室用のスリッパを履いて大通りを歩いているのだ？」

ウェールズの民間伝承にはドッペルゲンガーは幻影（lledrith）という名で登場する。幻影は自分から

上の写真：
ゲーテは友人のドッペルゲンガーに遭遇した。

話しかけることはなく、話しかけられたら姿を消すという。昔は死期が近いことを知らせる不吉な前兆とされていたが、実際はかならずしもそうではなかったようだ。以下に紹介するのはマリー・トレヴェリアン著『Folk-Lore and Folk-Stories of Wales』（1909）に登場する逸話で、ウェールズ中部ポーイス州の南に位置するタルガースという小さな市場町での出来事だ。

ある日、一人の若者が妻を追いかけ、丘を越え谷を越え走っていた。若者は1マイル半ほど走ると息が苦しくなり、立ち止まった。すると次の瞬間、先を行く妻の姿が突然消えてしまった。きっと妻はふざけてどこかに隠れているんだろう。そう思った若者はとにかく家に帰ることにした。戻ってみると、妻は窓辺で静かに編み物をしていた。「いったいどうやって帰ってきたんだい？」と、若者は妻に訊いた。「帰ってきた？　わたしはどこにも行っていないわよ」と、妻は答えた。「グエン、なに言ってるんだよ、まったく」若者は少々苛立って言った。「君がいたずらっぽい笑みを浮かべて桜の木のそばから僕に追いかけておいでっていうから、1マイル半も走ったんだぜ。途中で息が苦しくなって立ち止まったら、急に姿が見えなくなったんだ」。夫の話を聞き終わるのを待って妻は言った。「あなたが追っかけていたのはきっとわたしの幻影だわ。だって、あなたはお茶を飲んでから納屋に出かけたでしょ。わたし、あれから一歩も外に出ていないのよ」

『Folk-Lore and Folk-Stories of Wales』（1909）p.193-4.

ここに紹介した事例が示すとおり、バイロケーションには本人の意志が働く場合とそうでない場合がある。多くの場合、精神的な重圧や心理的な要求が引き金となって自分の分身が姿を現すと考えられている。エミリー・サジェ（p.216を参照）の事例からわかるのは、分身は本人の力を吸い取って出現するということだ。研究者の中にはこの点に注目し、トランス状態から目覚めたときに大きな疲労感を覚える物理的霊媒と、分身との間に共通点を見出そうとする研究者もいる。分身が本人の役に立つ場合――本人が正しい決断を下せるよう助言する場合など――もあるが、一般的には何か特別な目的があって出現するのではなさそうだ。

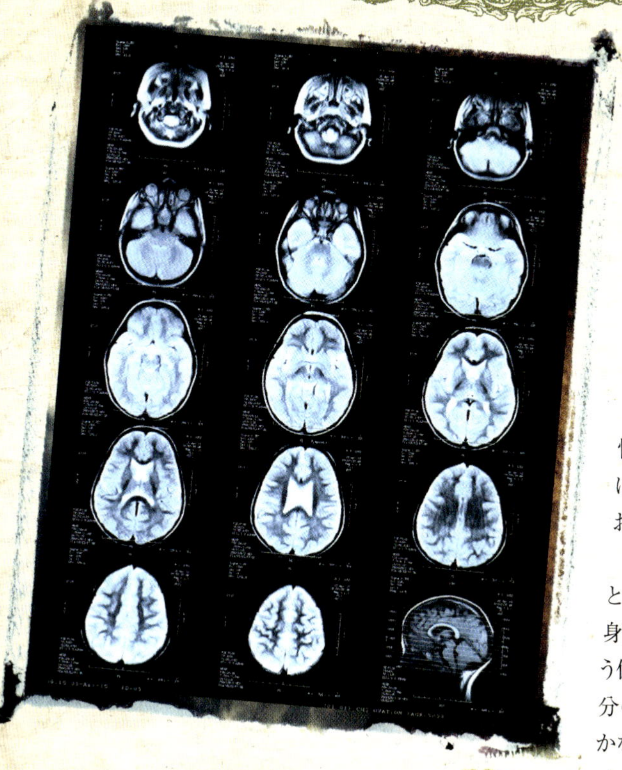

患者の脳に電気刺激を加えることで
ドッペルゲンガーを再現できるのだろうか？

一方、懐疑論者はバイロケーションの証拠は単なるうわさか又聞きした話であり、信用できないと主張する。疑似科学の一つであり、研究者は事例報告を調査するのではなく、むしろバイロケーションを頻繁に経験する人たちの精神状態や心理状態を詳しく調べるべきだという。しかしその一方で、ドッペルゲンガー現象を心理的な側面から解明しようとする研究が、近年科学者によって行われている。

2006年9月、科学誌『ネイチャー』にスイスのジュネーブの大学病院に勤務するシャハル・アージー博士とその研究チームが執筆した論文が掲載された。周りには誰もいないのに、誰かそばに立っているような感じがする……。誰もが一度や二度はそんな経験があるはずだ。実はその原因を科学的に究明したのがこの論文である。博士らは22歳の女性患者を対象にある実験を行った。その女性は精神科の病歴はなく、癲癇《てんかん》の治療を受けるため手術前に検査を受けていた。研究チームの話によると、女性の脳のある部位に電気刺激を与えたところ、女性は自分の“分身”を見たという。その分身は彼女が体の向きや姿勢をかえるとそのとおりの動きを示したという。

博士らは左脳の特定の部位を刺激すると、人は奇妙な感覚に陥り、近くに自分の分身がいるような錯覚に陥るのではないかという仮説を立てた。しかしこの説だけでは、自分の分身を他者が目撃した事例の説明がつかない。しかしながら、この画期的な研究は、バイロケーションは左の側頭頭頂接合部に何らかの刺激が加わったことによって生じる可能性を示唆している。

## バイロケーション関連の用語

- ✪ アストラル体投影
- ✪ クライシスアパリション
（臨終前や危機に瀕したときに出現する生霊）
- ✪ ドッペルゲンガー
- ✪ ダブル
- ✪ イーヴィルツイン（悪魔の双子）
- ✪ フェッチ
- ✪ 幻影
- ✪ ファンタズム
- ✪ レイス

# 診断

## バイロケーション診断テスト

**1. バイロケーションができる人は世の中にどのくらいいるのか？**

かなり稀な能力で、
主にキリスト教の聖人や神秘思想家など
少数の人たちに限られる。

**2. この能力はどうすれば獲得できるのか？**

先天的な能力と考えられる。

**3. 何か前兆は？**

自分の意志で、
あるいは自分の意志によらずに
自分の分身が現れる。

**4. 自分もバイロケーションができるようになるかどうかは、どうすればわかるのか？**

もしこの能力が備わっていれば、
おのずとわかるはずである。

**5. 用意するものは？**

とくにない。

**6. 何か気を付ける点は？**

人がいる場所で
この能力を発揮しないように。

# テスト

## バイロケーションの開発

　バイロケーションのような摩訶不思議な能力を開発する方法は見当たらない。だが、アストラル体投影や体外離脱体験と類似点が多いので、本書のアストラル体投影の項目を参照すればヒントが得られるかもしれない。

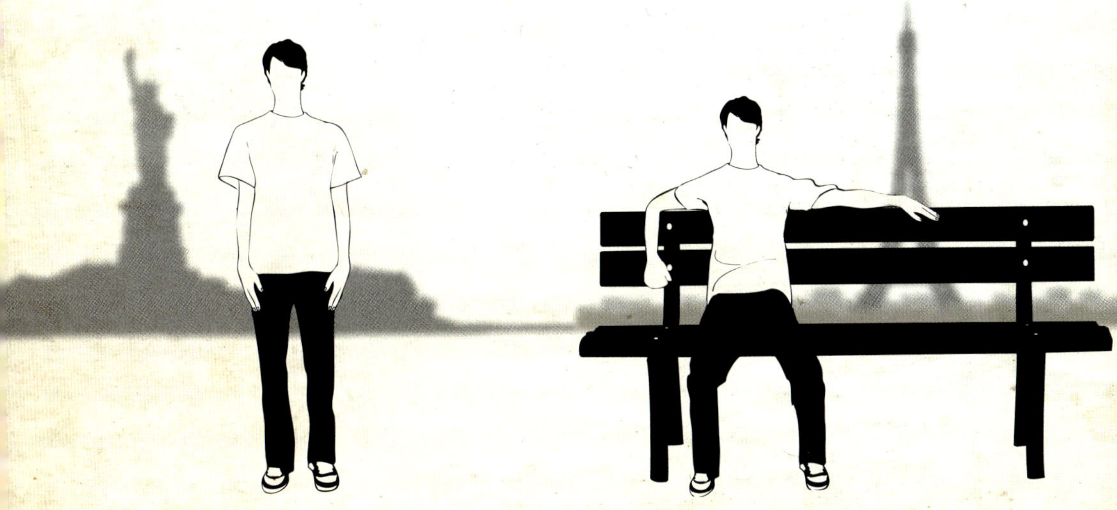

### 事例研究

# エミリー・サジェ

バイロケーションに関して最も有名な人物といえばエミリー・サジェの名が挙げられる。彼女にまつわる逸話は、政治家・作家・心霊主義者のロバート・D・オーエン著『Footfalls on the Boundary of Another World』（1859）で語られている。同書はジュリー・フォン・ギュルデンシュトゥーベというラトヴィアの貴族の女性がオーエンに語った話を書き綴ったものだ。

1845年から46年まで、当時32歳だったフランス人教師のエミリー・サジェは現在のラトヴィア共和国リボニアにある、ノイベルケ寄宿学校に勤務していた。そこは貴族の子弟だけが集まる名門校で、ギュルデンシュトゥーベは当時13歳の生徒だった。彼女はサジェ先生の周りで次々と起こった奇妙な出来事の一部始終をオーエンに語った。それによると、2人のサジェ先生の姿が目撃され、学校じゅうが大騒ぎになったことがよくあったという。あるとき黒板に板書をしているサジェ先生の隣に彼女の分身が現れた。動きは本人そっくりだったが、チョークは持っていなかったという。この事件はクラスにいた13名の生徒全員が目撃している。また、寮の食堂で生徒たちと夕食をとっているときに現れた分身は、食べる仕草がサジェ先生そっくりだったという。さらに、本人と分身がかなり離れた場所で同時に目撃されたこともあった。

ある日、サジェ先生は学校の庭で花を摘んでいた。このとき別

下の写真：**エミリー・サジェと彼女のドッペルゲンガー**

上の写真：**生徒たちはたびたびサジェ先生の分身を目撃した。**

の教師が42人の生徒をホールに集め、編み物と刺繍の授業を行っていた。教師は椅子に座って授業をしていたのだが、突然サジェ先生の分身がそばに現れた。生徒たちの証言によると、分身は椅子に座ったままじっとしていたが、そのあいだ本物のサジェ先生は少し疲れた様子で庭を歩き回っていたという。2人の生徒が勇気を出して分身に手を触れてみると、たしかに身体に触れたような感触があったという。

しばらくすると分身の姿は消えた。分身が現れるときはいつもサジェ先生の姿は弱々しく、こわばった感じに見えたが、分身のほうはいつも動きや輪郭がはっきり見えたという。だが、本人は自分の分身にはまったく気づいていなかった。

ギュルデンシュトゥーベの話によると、サジェ先生の評判は良かったが、この奇妙な噂が広まると娘を転校させる父兄が相次いだため、学校側はサジェ先生との契約を打ち切らざるを得なかった。サジェ先生によると、"分身騒動"のおかげで16年間で19回失職したという。

エミリー・サジェの事例はきわめて興味深いが、なにしろギュルデンシュトゥーベ以外に目撃証言がない点と、当時13歳だった彼女がこの話を初めて公に語ったのは14年後だった点を差し引いて考えるべきだろう。

**下記も参照**

アストラル体投影　p.189-193
バイロケーション　p.209-215

# 参考図書


Dunne, J.W., ***An Experiment with Time*** (1927, A&C Black)

Flournoy, T., ***From India to the Planet Mars***
(1994, Princeton University Press)

Fort, C., ***The Complete Books of Charles Fort***
(1974, Dover)

Goethe, J.W., ***Faust*** (1962, Anchor)

Kilner, W.J., ***The Human Atmosphere, or the Aura Made Visible by the Aid of Chemical Screens*** 1911. Reprinted as ***The Human Aura***
(1965 Citadel Press)

Korotkov, K., ***Light After Life: A Scientific Journey into the Spiritual World***
(1998, Backbone Publishing Co.)

***Light After Life: Experiments and Ideas on After-Death Changes of Kirlian Pictures*** (1998, Backbone Publishing Co.)

Moberley, C. A. E., and Jourdain, E. F., ***An Adventure***
(First printed in 1911 by Faber)

Moses, W.S., ***Spirit Teachings***
(2009, Kessinger Publishing)

Moss, T., ***The Body Electric: A Personal Journey into the Mysteries of Parapsychological Research, Bioenergy, and Kirlian Photography***
(1979, J.P. Tarcher)

Moss, T., ***The Probability of the Impossible: Scientific Discoveries and Exploration into the Psychic World*** (1974, J.P. Tarcher)

O'Donnell, E., ***Haunted Places in England*** (2003, Kessinger)

Ostrander, S., and Schroeder, L., ***Psychic Discoveries: Behind the Iron Curtain*** (1984, Prentice Hall)

Owen, R.D., ***Footfalls on the Boundary of Another World*** (2010, Spaight Press)

Philippe, J., ***Prince of Aesthetes: Count Robert De Montesquiou 1855–1921*** (1968, Viking Press)

Randi, J., ***Flim-Flam!*** (1982, Prometheus Books)

Roberts, J., and Butts, R. F., ***Seth Speaks: The Eternal Validity of the Soul*** (1994, Amber-Allen Publishing)

Robertson, M., ***Futility: Or the Wreck of the Titan*** (2006, Filiquarian Publishing)

Stead, W.T., ***From the Old World to the New*** (1892, London Review of Reviews)

Trevelyan, M., ***Folk-lore and Folk-Stories of Wales*** (2006, Kessinger Publishing)

Worth, P., ***Hope Trueblood: A Nineteenth-Century Tale*** (2008, Kessinger Publishing)

Worth, P., ***Telka: An Idyl of Medieval England*** (1928, Patience Worth Publishing Co. Inc)

Worth, P., ***The Sorry Tale: A Story of the Time of Christ*** (1976, Health Research)

Yost, C.S., ***Patience Worth: A Psychic Mystery*** (2005, Kessinger Publishing)

# 索引

# 索引

## さ



## た



## な



## は

# 索　引

# CREDITS

T = top, L = left, C = centre, B = bottom, R = right, F = far

**Andrew Skolnick:** 120TR.

**IStock:** 124.

**Mary Evans Picture Library:** 7B; 9B; 14 © SPR; 17B; 18T; 19T; 19B © Harry Price; 28L © Guy Lyon Playfair; 30TL, 33CR © Stacy Collection; 34TR © Rue des Archives/Tallandier; 34BL © SPR; 45TR; 46R; 48; 52B © SPR; 55TR © Harry Price; 56BL; 59B © SPR; 60; 61, 64TR, 64BL © SPR; 66; 68TL © SPR; 70BL © Harry Price; 73TR © John Cutten; 74; 76 © Guy Lyon Playfair; 78; 79 © Harry Price; 83TL © Illustrated London News Ltd; 94 © Guy Lyon Playfair; 96; 97B; 98TL; 100T; 100B; 103; 109TL © SPR; 117CR © Rue des Archives/Tallandier; 126; 129BL; 135; 136; 138TL; 145BL © Malcolm Greensmith Collection; 145 FB; 154; 156; 157B; 165TR © Manfred Cassirer; 166BL © John Cutten; 168 © Guy Lyon Playfair; 178; 188; 189BL; 202TL © John Cutten; 207 © Rue des Archives/Tallandier; 209B; 210BR; 211TL.

**Photo of Robert A. Monroe is reprinted by arrangement with Monroe Family, LLC:** 195.

**Rex Features:** 179B © Courtesy Everett Collection/Rex Features.

**Shutterstock:** 2; 6; 7T; 8; 10TL; 10TR; 10B; 17T; 18B; 18BA; 21; 22R; 24BR; 25; 27T; 28R; 30B; 33B; 35T; 35CR; 36; 38TR; 38BL; 39TL; 39BR; 39FR; 40TR; 41TR; 41CL; 41BR; 45BR; 46TL; 49T; 49B; 50; 51T; 51CL; 51B; 52TR; 57BR; 58; 65; 68BR; 69CR; 60B; 77B; 82BL; 84BL; 84R; 85BR; 86; 87B; 88R; 89TR; 89TL; 90; 99T; 99B; 104; 105TL; 105TR; 105C; 108T; 109BR; 112BL; 112BR; 113TR; 113BL; 116L; 116R; 117BL; 120BL; 121; 122TR; 123R; 128TL; 133TR; 133BR; 134TR; 134BL; 137B; 138BL; 141TL; 142; 143; 144; 146BL; 146TR; 147R; 151TL; 151CL; 151BL; 151BR; 152TR; 152BL; 153TR; 153BL; 158BL; 159BL; 160TC; 160TR; 162; 165BL; 166TR; 167; 170T; 171T; 171B; 174BL; 174BR; 175TR; 175BR; 176TR; 176TL; 177; 179C; 181TR; 181BL; 181BR; 184; 185; 186; 191T; 191B; 198; 200TR; 201T; 201BL; 202TL; 205; 206; 209C; 212B; 213; 216TL; 217TR.

**Topfoto:** 9T © KPA/HIP; 12T © Fortean; 12B © Fortean; 16; 22BL © UPP; 23 © ImageWorks; 24TL; 26 © Fortean; 27B © Topham Picturepoint; 29 © Fortean; 37B; 39BL © Topham Picturepoint; 40BL © The Granger Collection; 47TR © RogerViollet; 55BL © Fortean; 56TR © Ullstein Bild; 67B, 69TR © The Granger Collection; 70TR © UPP; 82 CR © Topham Picturepoint; 93, 95 © Charles Walker; 98BR, 106, 107B © Fortean; 112TR © Topham/AP; 115B © The Granger Collection; 127B © Fortean/Aarsleff; 128CR © The Print Collector/HIP; 130TL; 147L; 158TL © Topham Picturepoint; 158TR © Fortean; 159TR © From the Jewish Chronicle Archive/HIP; 160B © Fortean/Webster; 161 © Fortean/Playfair; 169B; 174T © Topham Picturepoint; 180TR; 189BC © Charles Walker; 190, 199 © Fortean; 200B © The Granger Collection; 201BR © Fortean; 208; 210TL © The Granger Collection; 211BR © R.Feltz.

**Zedcor:** 37C; 59C; 67C; 77C; 87C; 97C; 107C; 115C; 127T; 137C; 145C; 157C; 169C; 189C.

著　者：ブライアン・ホートン（Brian Haughton）

超自然的な民話や古代の聖地についての著述家兼研究家。ノッティンガム大学で考古学の学士を取得したのち、バーミンガム大学で古代ギリシャ哲学修士を取得。シェリダン・レ・ファニュ、M・R・ジェイムズの幽霊話、アーサー・C・クラークスの『ミステリアスワールド』やレナード・ニモイの『インサーチオブシリーズ』といったテレビ番組をきっかけに古代や超自然的なものに魅了される。著書は、9つの言語に翻訳された処女作『Hidden History: Lost Civilizations, Secret Knowledge, and Ancient Mysteries』(2007年)のほか、『Haunted Spaces, Sacred Places』『Lore of Ghost』など。超自然的なものを扱う雑誌に寄稿し、数々のラジオ番組にも出演。現在は英国を拠点とした研究や、研究団体や超常現象を扱う調査団体のコンサルタントとして活躍。ギリシャ・パトラス在住。

翻訳者：福山 良広（ふくやま よしひろ）

関西大学法学部卒業。名古屋学院大学大学院外国語学研究科修了。訳書に『新クリスタルバイブル』『クリスタルタロット』（いずれも産調出版）、共訳書に『マインド・ボディ・スピリット大全』（産調出版）がある。

---

Encyclopedia of Paranormal Powers

# 超常現象大全

---

発　　行　2012年2月10日

発 行 者　平野　陽三

発 行 元　ガイアブックス

〒169-0074 東京都新宿区北新宿 3-14-8

TEL.03(3366)1411　FAX.03(3366)3503

http://www.gaiajapan.co.jp

発 売 元　産調出版株式会社



ISBN978-4-88282-823-5 C0011



Printed in China